Rainer O. Molitor

Die schönsten Radtouren
rund um Freiburg

W0235913

Rainer O. Molitor

Die schönsten Radtouren rund um FREIBURG

© 1998 by Bielefelder Verlagsanstalt GmbH & Co. KG, Bielefeld

Alle Rechte vorbehalten. Nachdruck, auch auszugsweise, sowie
fotomechanische Wiedergabe nur mit Genehmigung des Verlages.

Titelgestaltung: Rainer Schotte, Bielefeld/Gütersloh

Titelfotos: Transglobe, Hamburg; Verkehrsamt Breisach

Fotos: FWT/Raach, FVA Bad Krozingen, Breisach, Emmendingen; Rainer O. Molitor

Kartographie: Bielefelder Verlagsanstalt

Druck: Klingenberg Buchkunst Leipzig

ISBN: 3-87073-231-8

Inhalt

Zum Gebrauch des Buches

Zu jeder Tour gibt es eine exakte Wegebeschreibung in Text und detaillierten Kartenausschnitten, dazu ausführliche Informationen zu allem Sehens- und Erlebenswertem. Diese Wegebeschreibung ist jeweils mit einem blauen Raster unterlegt und zusätzlich mit einem Radler-Logo gekennzeichnet, um Ihnen schnellstmöglichen Zugriff auf die Routenführung zu ermöglichen.

Zu Beginn der einzelnen Touren finden Sie einen Infokasten mit den wichtigsten Informationen z.B. zur Strecke, zu An- und Abreise, Kartenmaterial und vielen anderen Dingen, die zur Vorbereitung der Radreise nützlich sind.

Die übersichtliche Wegweisungstabelle bietet dann die komplette Tour auf einen Blick: die Streckenführung in Kurzform, die fortlaufende Kilometrierung, die besonderen Sehenswürdigkeiten, die markanten Streckenpunkte.

Sehenswürdigkeiten und markante Streckenpunkte sind hierin verschiedenfarbig numeriert und hervorgehoben. Diese Numerierung und Hervorhebung finden Sie im ausführlichen Text sowie in den Karten wieder. Die Kilometrierung läuft auf einer Randleiste ebenfalls mit den Tourenbeschreibungen mit.

Sie können also im Vorfeld Ihre Tour mit allen Sightseeing-Stops perfekt planen und unterwegs mit Hilfe dieser Angaben zuverlässig kontrollieren, ob Sie „auf dem rechten Weg" sind.

Unser Tip: Kopieren Sie die Wegweisungstabelle und halten Sie diese stets griffbereit, so daß Sie sich „on tour" schnell und sicher orientieren können.

Grußwort des Oberbürgermeisters

Kaum eine andere Region in Südwestdeutschland bietet solch attraktive Möglichkeiten für ambitionierte Radwanderer und für Freizeitradler wie die Landschaft zwischen Schwarzwald und Oberrhein mit dem Oberzentrum Freiburg. Radfahren im Südwesten heißt, eine der attraktivsten Landschaften, die sich durch Abwechslungsreichtum, südliches Klima und die statistisch meisten Sonnentage auszeichnet, aktiv zu erleben.

Zahlreiche beschilderte Touren in und um Freiburg, oft abseits vom Autoverkehr, stellen sich mit diesem Wegweiser vor. Sie genügen nahezu jedem Niveau: Dem gelegentlichen Freizeitradler und dem Familienausflug mit Kindern ebenso wie sportlichen Fahrern oder Mountain-Bikern, für die eigens markierte Strecken im Freiburger Bergwald mit verschiedenen Schwierigkeitsgraden zur Verfügung stehen.

Allein in Freiburg mißt das Radwegenetz über 400 Kilometer; hinzu kommen die Strecken im Umland, die zu den landschaftlich reizvollsten Punkten im Rheintal, im Kaiserstuhl und Tuniberg oder im Schwarzwald führen.

Radverkehr und öffentlicher Nahverkehr sind in der Stadt und der Region eine enge und fruchtbare Verbindung eingegangen. Das enge Netz an Bussen und Bahnen und der gemeinsame Tarif der Regiokarte sind beste Voraussetzungen für aktives „Rail and Bike".

Viele Radwandertouren führen zu den Bahnhöfen in Freiburger Umlandgemeinden, und auf zahlreichen Bahnstrecken ist die Mitnahme von Fahrrädern problemlos möglich. Gerade auf den gebirgigen Wegen im Schwarzwald erspart dieses Angebot manchen schweißtreibenden Streckenabschnitt.

Ich wünsche Ihnen schöne und entspannte Wandertouren auf zwei Rädern in Freiburg, im Schwarzwald und durch unsere herrliche Landschaft am Oberrhein!

Ihr

Dr. Rolf Böhme
Oberbürgermeister

Radfahren rund um Freiburg

Die Stadt Freiburg

Einwohner: 200.706 (Stand 31. 10. 1996)
Fläche: 15.306 ha/Umfang 96,3 km
Nord-Süd-Ausdehnung: 18,6 km/Ost-West: 20,0 km

Lage

Umrahmt vom Tuniberg im Westen, vom Schönberg im Süden, dem Brombergkopf und dem sich dahinter erhebenden Schauinsland im Südosten sowie dem Schloßberg im Osten liegt Freiburg in der einzig gegen Norden hin offenen Breisgauer Bucht. Der Name „Breisgau" nimmt Bezug auf die Stadt Breisach, die bereits zur Römerzeit vor allem in strategischer Sicht eine wichtige Rolle spielte. Freiburg selbst entstand im Hochmittelalter auf einem geologischen Schuttkegel am Ausgang des Dreisamtals; bis ins 19. Jh. erstreckte sich die Stadt nur nördlich des – zwischenzeitlich umgeleiteten – Flusses.

Der tiefste Punkt des Stadtgebietes liegt mit 196 m ü.d.M. bei Waltershofen am Tuniberg. Der höchste Punkt ist der 1.248 m hohe Schauinslandgipfel, was Freiburg zur deutschen Großstadt mit dem höchsten Berg macht; der Münsterplatz liegt 278 m hoch. Über ein Drittel (6.420 ha) der Stadtfläche besteht aus Wald, 742 ha nehmen Weinanbauflächen ein.

Umland

Die Attraktivität einer Stadt hängt eng mit ihrem Umland zusammen – da gesellt sich zum schönen Freiburg noch eine sehr attraktive Region. Jede Himmelsrichtung hat etwas Besonderes zu bieten und ist für sich gesehen schon einen längeren Aufenthalt wert.

Im **Norden** liegt das Naturschutzgebiet Taubergießen, wo in den Rheinauen Flora und Fauna mit inzwischen seltenen Kostbarkeiten aufwarten. Viele stattliche Burgen und Burgruinen laden zum Besuch ein, und für den Radler landschaftlich besonders reizvoll sind der Weg über den Elzdamm und der Weg hinauf bis nach Elzach/Prechtal.

Den **Osten** macht vor allem die landschaftliche Schönheit des Hochschwarzwaldes attraktiv. Seen und Weiher laden zum Baden, Wiesen und Felder zum Verweilen, und die ungleichen Zwillingsorte St. Märgen und St. Peter locken mit barocker Kirchenpracht.

Das Markgräflerland im **Süden** Freiburgs, die „Toskana Deutschlands", lockt mit Heilbädern, guten Weinen und bezaubernden Städtchen und Dörfern wie z. B. Staufen, Sulzburg, Heitersheim. Anziehungspunkte für

Kunstliebhaber sind die vielen Fresken, die in kleinen und großen Kirchen erhalten geblieben sind.

Blickt der Freiburger nach **Westen** und sieht Tuniberg und Kaiserstuhl (und dahinter die Vogesen), dann denkt er vor allem an Genuß für Kehle und Gaumen. Hier wachsen die Reben für weltweit gerühmte Weine, hier liegt auch die Wiege der inzwischen hochgeschätzten Badischen Küche, die die Feinheiten französisch-elsässischer Eßkultur mit badischer Tradition verbunden hat: alles zu genießen bei einer Vielzahl guter Adressen in den Weindörfern zwischen Freiburg und Rhein und natürlich im Schlemmerparadies Elsaß mit seinem touristischen Mittelpunkt Colmar.

In all diese Himmelsrichtungen verschlägt es auch den Radfahrer auf den hier vorgestellten Touren, wobei die Schwerpunkte nicht zuletzt wegen der topographischen Gegebenheiten großräumig im Freiburger Westen liegen.

„Regio"

Die Region am Oberrhein heißt in Freiburg, Basel und Straßburg einfach „Regio". Das ist mehr als ein geographischer Begriff, der die Landschaft links und rechts des Rheins zwischen den Bergkämmen des Schwarzwaldes, den Höhen der Vogesen und dem Schweizer Norden bezeichnet. Regio – das sind die Menschen mit ihren über die Grenzen hinweg reichenden Bräuchen und der alemannischen Sprache. So fremd der Dialekt dem Gast auch klingen mag, so unterschiedlich ist doch die Aussprache im elsässischen, schweizer-deutschen oder badisch-alemannischen Wortklang. Freiburg gilt als Sprachgrenze, südlich derer das „K" zum „Ch" mutiert und Nordlichter den Einheimischen darum nur allzu gerne Hustenbonbons anbieten würden.

Die Regio ist aber auch ein moderner, politischer Begriff, der den Rhein als verbindendes Element begreift; in Politik, Wirtschaft, Kultur und Bildung geht man im Dreiländereck gemeinsame Wege.

Geschichte

Der Raum um Freiburg dürfte bereits vor Jahrtausenden besiedelt worden sein. Sicherlich waren Anfang des 1. Jh. v. Chr. Kelten hier ansässig, zu denen sich später Römer gesellten. Um das 4. Jh. n. Chr. stießen von Norden her Alemannen in Breisgau, Elsaß und die heutige Schweiz vor.

Als eigentliches Gründungsdatum Freiburgs gilt das Jahr **1120,** als die Zähringer Herzöge Bertold III. und Konrad II. am Fuße des heutigen Schloßberges eine Siedlung errichten ließen, die sich rasch zu einem Markt- und Handelszentrum entwickelte.

Auf **1246** datiert die erste historische Erwähnung der Bächle, ab **1258** erhielt die Stadt aus den Bergwerken am Schauinsland und im Münstertal Silber für die eigene Münze. **1288** erfuhr Freiburg seine größte Ausdehnung, die – nach Pest, Kriegen und wirtschaftlichem Niedergang – erst 1850 überschritten wurde.

1368 endete der fast 100 Jahre andauernde Konflikt zwischen Stadtherren und Freiburger Bürgern: Mit der damals ungeheuer hohen Summe von 15.000 Mark Silber kaufte sich die Stadt von der Regentschaft der Grafen, deren Burg man zudem zerstört hatte, frei und begab sich freiwillig unter den Schutz des Hauses Habsburg.

1457 stifteten Erzherzog Albrecht und seine Gattin Mechtildis die Freiburger Universität.

1498/99 fand der Reichstag Maximilians I. in Freiburg mit einer Eröffnung in der Gerichtslaube statt. **1507** erhielt die Stadt das Recht, Goldmünzen zu prägen.

1525 belagerten aufständische Bauern die Stadt und zwangen ihre Bürger, sich der Revolte anzuschließen, die im Elsaß blutig niedergeschlagen wurde.

Als Folge von Reformation und Bildersturm in Basel flohen das dortige Domkapitel und der Weihbischof **1529** noch Freiburg, wo sie bis 1677 im Exil (im Basler Hof) blieben; bis 1535 wohnte aus gleichem Grund auch Erasmus von Rotterdam in der Stadt (im Haus zum Walfisch).

Im Jahre **1564** fielen der Pest fast 2.000 Freiburger zum Opfer, eine Hexenverfolgung nahm ihren Anfang und erreichte **1599** ihren traurigen Höhepunkt.

Mit der Eroberung Freiburgs durch schwedische Truppen **1632** erreichte der 30jährige Krieg die Stadt, die bis **1648** fünfmal belagert wurde und mehrfach den Besitzer wechselte; Freiburg hatte in dieser Zeit nur noch 2.000 Einwohner.

1651 wurde Freiburg Sitz der vorderösterreichischen Regierung (bis 1803; vorher in Ensisheim), doch schon **1677** nahmen französische Truppen Ludwigs XIV. die Stadt ein. Festungsbaumeister Vauban baute Freiburg zu einer Festung gegen das Deutsche Reich um, die Stadt veränderte ihr Gesicht wie nie zuvor. Universität und Regierung flohen nach Konstanz bzw. Waldshut.

1697/98 kamen Freiburg und Breisach im Frieden von Rijkswijk wieder ans Reich, als Ersatz ließ Ludwig XIV. Neuf-Brisach errichten.

1713 (Rückgabe 1714) im Zuge des Spanischen Erbfolgekrieges und **1744** wurde Freiburg wieder von Frankreich eingenommen. Vor dem Abzug ihrer Truppen schliffen die Franzosen die einst von ihnen selbst angelegten Festungsanlagen. Freiburg war völlig verarmt, hatte nur 3.000 Einwohner (meist Frauen).

Der Frieden von Campoformio beendete **1798** die Kämpfe zwischen Frankreich und Österreich; Freiburg und der Breisgau wurden Herzog Herkules III. von Modena zugesprochen, der das Gebiet – erweitert um die Ortenau – 1803 übernahm.

Doch schon **1805** legte der Frieden von Preßburg die Übergabe der Region an den Kurfürsten von Baden in ein Großherzogtum Baden fest, die breisgauischen Landstände, Stifte und Klöster wurden aufgehoben. Im Laufe der Befreiungskriege **1813/14** marschierten 660.000 Soldaten, die sich aus deren Beständen versorgten, durch die Stadt, was Teuerung und Hungersnot für die Bürger mit sich brachte.

1821 wurde Freiburg in der Nachfolge von Konstanz zum Bischofssitz bestimmt, der Münsterpfarrer Boll wurde 1827 erster Erzbischof der Oberrheinischen Kirchenprovinz.

Im Laufe der Badischen Revolution von **1848** wurde Freiburg Schauplatz blutiger Straßenkämpfe zwischen Aufständischen und preußischen Bundestruppen (1998 großes Gedenkjahr dieser demokratischen Wurzeln in der Region, vor allem in Offenburg!).

Im Verlauf des Ersten Weltkrieges **1914–18** warfen Luftschiffe und Flugzeuge immer wieder Bomben über dem Etappenhaupt- und Lazarettort Freiburg ab, die Todesopfer forderten. Am 9. November **1918** wurde auf dem Karlsplatz die Revolution ausgerufen, 14 Tage später verzichtete der Herzog auf den Thron, Baden wurde Republik.

Der Zweite Weltkrieg hinterließ auch in Freiburg deutliche Spuren. Am 10. Mai **1940** wurde die Stadt von deutschen Flugzeugen irrtümlich bombardiert (57 Tote). Am 27. November 1944 legte ein Großangriff britischer Bomber große Teile vor allem der Altstadt in Trümmer, 2.000 bis 3.000 Menschen starben. Am 21. April **1945** besetzten französische Truppen die Stadt. Unter französischer Besatzung wurden in Freiburg Regierung und Verwaltung für ein Land Baden eingerichtet, Ministerpräsident Leo Wohlebs Amtssitz war das Colombischlößle, Parlamentsgebäude das Historische Kaufhaus. Dieses badische Intermezzo endete 1952 nach einer Volksabstimmung mit der Gründung des Landes Baden-Württemberg.

1974 wurden die Gemeinden Lehen, Hochdorf, Munzingen, Tiengen, Opfingen, Waltershofen, Ebnet und Kappel Freiburger Stadtteile, seither entstanden die neuen Stadtteile Weingarten-Binzengrün und Landwasser, seit 1993 Rieselfeld.

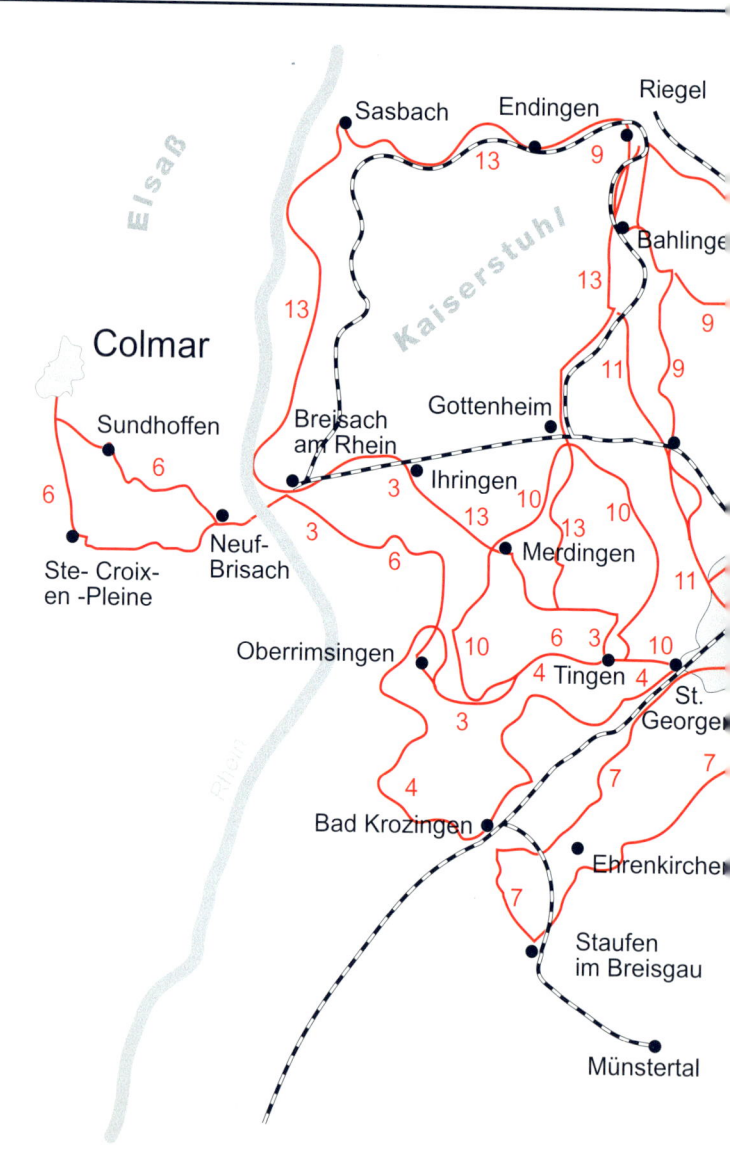

A = Altstadttour

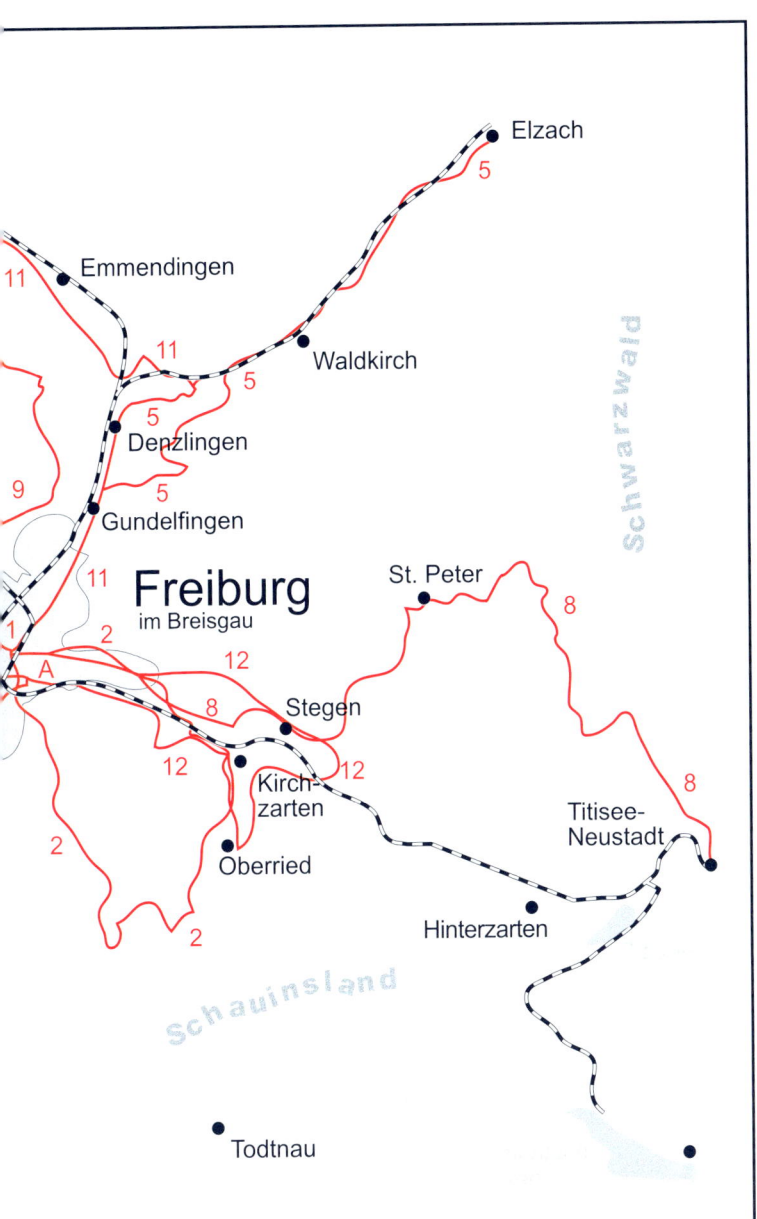

Elzach

5

Emmendingen

11

11

Waldkirch

5

5

Denzlingen

9

5

Gundelfingen

Schwarzwald

11

Freiburg
im Breisgau

St. Peter

8

1

2

12

A

8

Stegen

12

12

12

Kirch-
zarten

8

Titisee-
Neustadt

2

Oberried

2

Hinterzarten

Schauinsland

Todtnau

Wichtige Anschriften

(Vorwahl wenn nicht angegeben: 07 61)

Touristisches:

Freiburg-Information, Rotteckring 14, 79098 Freiburg, Tel. 38 81 - 8 80 / 1

Freiburg Kultour (Stadtführungen, Kulturfahrten, Ausflugsfahrten), Rotteckring 14, 79098 Freiburg, Tel. 2 90 74 - 47, Fax - 49

Jugendherberge, Kartäuserstraße 151, 79104 Freiburg, Tel. 6 76 56, Fax 6 03 67

Schwarzwald Tourismusverband, Bertoldstraße 45, 79098 Freiburg, Tel. 3 13 17/8, Fax 3 60 21; Internet: http://schwarzwald.imedia.de.

Stadtverwaltung, Rathausplatz, 79098 Freiburg, Tel. 2 01 - 0

Vistatour (alternative Stadtführung), Brombergstraße 41, Tel. 70 19 43

Museen:

(alle in 79098 Freiburg-Zentrum; Eintritt teilweise kostenlos; sonst 4 DM, ermäßigt 2 DM, Sonderausstellungen ca. 6 DM)

Adelhausermuseum – Natur- und Völkerkunde, Gerberau 32, Tel. 2 01 - 25 66, Di–So 10–17 Uhr

Archäologische Sammlung der Universität, Werthmannplatz/Universitäts-bibliothek, Tel. 2 03 - 30 76 / 30 69, Mo–Fr 14–19 Uhr

Augustinermuseum (Oberrheinische Kunst, Glasmalerei...), Am Augustinerplatz, Tel. 2 01 - 25 31, Di–So 10–17 Uhr

Fasnet-Museum (Zunfthaus der Narren), Turmstraße 14, Tel. 2 26 11, Sa 10–14 Uhr und n. V.

Kleines Stuckmuseum, Liebigstraße 11, Tel. 50 05 55, Mo–Fr 13–18

Museum für Neue Kunst, Marienstraße 10 a, Tel. 2 01 - 25 83, Di–So 10–17 Uhr

Museum für Stadtgeschichte (Wentzingerhaus), Münsterplatz 30, Tel. 2 01 - 25 15, Di–So 10–17 Uhr

Museum für Ur- und Frühgeschichte (Colombischlößle), Rotteckring 5, Tel. 2 01 - 25 74, Di–So 10–17 Uhr

Spielzeug- und Puppenmuseum (Kornhaus), Münsterplatz 11, Tel. 2 48 10, tägl. 10–18 Uhr, Eintritt: Erwachsene 7 DM, Kinder 2 DM

Zinnfigurenklause, Im Schwabentor, Tel. 2 43 21, Mai–Anfang Okt. Di–Do 14.30–17 Uhr, Fr 17.30–19.30 Uhr, Sa + So 12–14 Uhr

Fahrrad:

ADFC e.V. Kreisverband Freiburg
Moltkestraße 42, 79098 Freiburg, Tel. 2 58 58
Infoladen Mo und Mi 18–20 Uhr, von Mai–Okt. auch Sa 10–12 Uhr
Stadtverwaltung, Fahrrad-Fundbüro, Kaiserstuhlstraße 18, 79106 Freiburg,
Tel. Mi 50 06 32, sonst 2 01-48 15, Geschäftsz. Mi 8–12.15, 14–16.45 Uhr
Die Fahrradwerkstatt (Selbstreparatur), Habsburgerstraße 9,
79104 Freiburg, Tel. 5 27 29
Extratour, Kartäuserstraße 13, 79102 Freiburg, Tel. 28 67 33
Hild und die Fahrräder, Salzstraße 41–43, 79098 Freiburg, Tel. 28 29 50
Hilmers Zweiräder, Gauchstraße 19, 79098 Freiburg, Tel. 3 13 14
Velo Doctor (mobile Werkstatt), Eschholzstraße 64, 79115 Freiburg,
Tel./Fax 27 64 77 oder 01 71 / 6 82 70 70

ÖPNV:

Freiburg und das Umland verfügen über ein gut ausgebautes Netz öffentlichen Nah- und Fernverkehrs, allein über mehr als 200 km Schienen im
Breisgau. Freiburger VerkehrsAG, DB und 14 Verkehrsunternehmen bilden
den Regio-Verkehrsverbund, der seit 1996 um Freiburg herum einen
Nahverkehrs-Vollverbund mit einheitlichen Tarifen und Fahrkarten betreibt.
Angeboten werden die sehr lobenswerte Regio-Umweltkarte (übertrag-
bare Monats-Netzkarte), aber auch 24-Stunden-, Punkte- und Einzelfahr-
scheine. Die SBG bietet an Samstagen, Sonn- und Feiertagen z. B. ein
Freizeit-Ticket für nur 8 DM (Familie 12 DM). Oder das SBG-Wanderbus-
Angebot, mit dem am Wochenende ganztags für 5 DM um den Feldberg
herum gefahren werden kann. Oder den Service Velo-Bus: an Wochen-
enden und Feiertagen mit Bus und Fahrradanhänger von Freiburg ins
Umland, von dort Rückfahrmöglichkeit mit dem Rad nach Freiburg (Preis
pro Fahrrad 8 DM, Info Tel. 3 61 72).
Zentraler Knotenpunkt aller öffentlichen Verkehrsmittel der Region sind
Hauptbahnhof und ZOB in Freiburg, wo sich Stadtbahnen, S-Bahnen,
DB-Züge und Buslinien kreuzen.

Fahrradbeförderung:

– DB und SWEG-Bahnen: Beförderung im Rahmen des vorhandenen
  Platzes in den Zügen möglich, kein Beförderungsanspruch. Preis: Bei
  der DB im Bereich bis 100 km (Nah- und Eilzüge) je Rad eine Fahrrad-
  karte (1998: 6 DM); bei SWEG pro Rad eine Kinderfahrkarte, Gruppen-
  ermäßigung möglich.
– Das Mitnehmen von Fahrrädern in Bussen und Straßenbahnen ist
  grundsätzlich nicht erlaubt, Ausnahme: SBG-Fahrrad-Bus. Nähere Infos
  bei den jeweiligen Verkehrsunternehmen.

Radverleih am Bahnhof: in Freiburg, Bad Krozingen, Breisach Elzach, Hinterzarten, Kirchzarten, Schluchsee, Titisee, Neustadt, Waldkirch

Anschriften (Vorwahl wenn nicht angegeben 07 61 für Freiburg):

DB, Hauptbahnhof, Bismarckallee 3, 79098 Freiburg,
Tel. 2 12 - 0, Fax 2 12 - 22 72, Auskunft: 1 94 19

DB, Radfahrer Hotline, Tel. 01 80 / 3 19 41 94

Freiburger Verkehrs AG, Besançonallee 99, 79111 Freiburg,
Tel. 45 11 - 0, Fax 45 11 - 1 39

Pluspunkt (Laden der VAG) am Bertoldsbrunnen, Auskunft Tel. 45 11 - 5 00

Schauinslandbahn, Talstation, Im Bohrer 63, 79189 Horben,
Tel. 2 92 93 - 0, Fax - 13; *Bergstation,* Schauinslandstraße 390,
79254 Oberried, Tel. 0 76 02 / 2 36; *Wetteransage* Tel. 1 97 03

Regio Verkehrsverbund Freiburg GmbH, Kaiser-Joseph-Straße 251,
79098 Freiburg, Tel. 2 07 28 - 0, Fax - 10

Schloßberg-Seilbahn Tel. 3 98 55

Buslinien:

Auto Hummel, Wilhelm-Schauenberg-Straße 5, 79199 Kirchzarten,
Tel. 0 76 61 / 42 25

Binninger, Breisacher Straße 1, 79279 Vörstetten, Tel. 0 76 66 / 22 47

RAST Reisen, Ährenweg 1, 79258 Hartheim, Tel. 0 76 33 / 92 62 - 0

SüdbadenBus (SBG), Bismarckallee 1, 79098 Freiburg,
Tel. 3 61 72 / 3 68 03 - 86, Fax - 89

SWEG, Uesenbergstraße 9, 79346 Endingen, Tel. 0 76 42 / 9 01 30

Winterhalter, Hintertalstraße 2, 79254 Oberried, Tel. 0 76 61 / 42 26

Sonstiges:

Ständige Stadtführungen ab Freiburg-Information:
- Gässle, Bächle und das Münster (der „Klassiker"): im Sommer täglich
  zweimal 10.30 + 14.30 Uhr
- thematische Spaziergänge durch Kultur und Geschichte: im Sommer
  zweimal im Monat
- geführte Ausflugfahrten in die Region
- Kulturfahrten

Info: Freiburg Kultour, Rotteckring 14, 79098 Freiburg,
Tel. 2 90 74 - 47, Fax - 49

Veranstaltungskalender „Freiburg aktuell" erscheint monatlich und ist erhältlich in Hotels, Gaststätten und bei der Freiburg Information.

Markt am Münster täglich von etwa 7–13 Uhr, Sa bis 13.30 Uhr

Das historische Kaufhaus auf dem Münsterplatz in Freiburg

Eines der attraktivsten Rad-Ziele: Staufen

Tourenauswahl, Karten und Infos

Radfahren in der Oberrhein-Region heißt, eine der abwechslungsreich-sten Landschaften Deutschlands, eine Landschaft mit südlichem Flair und sehr vielen Sonnentagen aktiv zu erleben. Und Radfahren in Freiburg bedeutet, teilzuhaben am velophilen Klima der „Ökohauptstadt", die von der Stiftung Warentest erst im Juni 1997 – gemeinsam mit Münster (Westf.) – zur fahrradfreundlichsten Stadt Deutschlands gekürt wurde.

14 ausgewählte, erprobte und meist autofreie Radtouren stellt Ihnen dieses Buch vor. „Für jeden etwas" heißt das Angebot, bei dem Sie wählen können zwischen eher ebenen Rheintal-Wegen und hügeligen Fahrten gen Schwarzwald, zwischen langen und kurzen Touren, zwischen den Schwerpunkten Radfahren, Sightseeing und/oder Schlemmen – und die Sie natürlich je nach Interessenlage kombinieren können. Bei allen topographischen Unterschieden haben die beschriebenen Touren eines gemein – sie führen durch die reizvollsten Landschaften der Region: Elztal, March, Kaiserstuhl, Elsaß, Markgräflerland, Tuniberg, Hexental, Schneckental, Schauinsland, Dreisamtal, Schwarzwald usw.

Zusätzliche Hilfen bei der Tourenplanung und Orientierung (bei den Fremdenverkehrsinstitutionen und/oder im Buchhandel erhältlich):

- ADFC-Radtourenkarte 24 Schwarzwald/Oberrhein (1:150.000);
  (Regionalkarte Freiburg/Südl. Schwarzwald in Vorbereitung)
- Freizeit- und Radwanderkarte Emmendingen (1:50.000)
- Radwegekarte Landkreis Breisgau-Hochschwarzwald (1:50.000)
- Amtliche Stadtkarte der Stadt Freiburg (1:16.000)
- Radwanderkarte Schwarzwald Süd und Nord (1:100.000)
- Radwanderkarte Markgräflerland (1:30.000)
- Mountainbike-Karte Dreisamtal
- Mountainbike-Karte Freiburg
- Radwanderführer für den Kreis Lörrach (1:50.000)
- Radwanderkarte Bad Krozingen
- Radwanderkarte Feldberg-Schluchsee (1:30.000)
- Regio-Karte Landkreis Breisgau-Hochschwarzwald
- Radwanderführer Rhein-Radweg Basel – Mainz

Noch ein Wort zum Mountainbiken: Als erste deutsche Großstadt hat Frei-burg ein eigenes Wegenetz für Mountainbiker geschaffen. Auch die um-liegenden Orte bieten zunehmend attraktive Angebote für sportliche Bergradfahrer. So bieten z.B. Feldberg, Todtnau, Bernau, Hinterzarten und andere Kommunen spezielle Mountainbike-Ferien an. In Todtnau-berg wurde 1997 der erste Fun-Park mit Sessellift und einer drei Kilo-meter langen Abfahrtstrecke für Mountainbiker eröffnet.

Infos: Tourismus Südlicher Schwarzwald, Stadtstraße 2, 79104 Freiburg, Tel. 0761/2187-304, Fax 2187-534, e-mail tss@rrz.freiburg.de

Rundfahrt/Rundgang durch die Freiburger Altstadt

In Freiburg gibt es so viel Sehenswertes, daß man Tage mit Erkundungen in der Stadt verbringen könnte. Vor allem die zeitaufwendigen Aufenthalte bei einzelnen der unendlich vielen kulturellen Veranstaltungen, den Festen und Feiern und auf dem täglichen Bauernmarkt rund um das Münster sowie die vielen schönen Plätze und Gasthäuser mit Gartenwirtschaften laden zum längeren Verweilen ein. Der Freiburger kennt viele dieser Events und wird sie in seinen abendlichen und wochenendlichen Terminkalender einzubinden wissen. Für auswärtige Besucher empfehlen sich ein oder mehrere Stadtrundgänge und dann zweite Anläufe zu den gastlichen Stätten z. B. an den Abenden.

Dieser Rundgang beginnt und endet an der Freiburg-Information und führt durch schmale Altstadtgassen zu historischen Rathäusern, Kirchen, Wohn-, Amts- und Geschäftshäusern, deren Geschichte(n) hier knapp erläutert wird. Dabei wurde eine keineswegs umfassende Auswahl getroffen. Nicht eigens beschrieben sind die vielen Gasthäuser, Plätze und Häuser, die unterwegs zum Betrachten und Verweilen einladen.

Eine Rundfahrt durch Freiburgs Altstadt ist eher ein Rundgang, denn zum einen liegen die Sehenswürdigkeiten so eng beisammen, daß Auf- und Absatteln oft kaum lohnen, zum anderen führen viele der beschriebenen Wege durch die Fußgängerzone, wo sich Gehen bzw. Schieben zur Festigung der seit jeher fahrradfreundlichen Einstellung der Freiburger sehr empfiehlt – zumindest tagsüber.

Ausgangspunkt der Stadtrundfahrt mit dem Fahrrad (eine Kombination aus Fahrradfahren und -schieben, s.o.) ist die gut bestückte und sehr hilfsbereite **Freiburg-Information** ❶ am *Rotteckring.* Das Gebäude wurde 1935/6 erbaut.

Gegenüber, im Colombipark, einer ehemaligen Bastion der durch Frankreich 1677 angelegten Festungsanlage, liegt das **Colombischlößle** ❷. Die für die Gräfin Colombi 1854–61 gebaute Villa wurde im Stil der englischen Neugotik entworfen. In den ehemaligen Wohnräumen ist seit 1983 das Museum für Ur- und Frühgeschichte untergebracht. Das Treppenhaus weist eine aufwendige Gußeisenkonstruktion auf. Ein kleiner Weinberg neben der Villa ist der letzte Rest der Glacis-Reben, die man nach der Sprengung der Festung 1745 auf den Ruinen angelegt hatte. Für Altbadener hat das Colombischlößle Symbolcharakter: Hier residierte von 1946–52 Leo Wohleb als Ministerpräsident des damals selbständigen Landes (Süd-)Baden.

Wieder zurück an der Freiburg-Information beginnt der Rundgang in der *Turmstraße* links neben dem Arkadenbau. Nach wenigen Metern vorbei

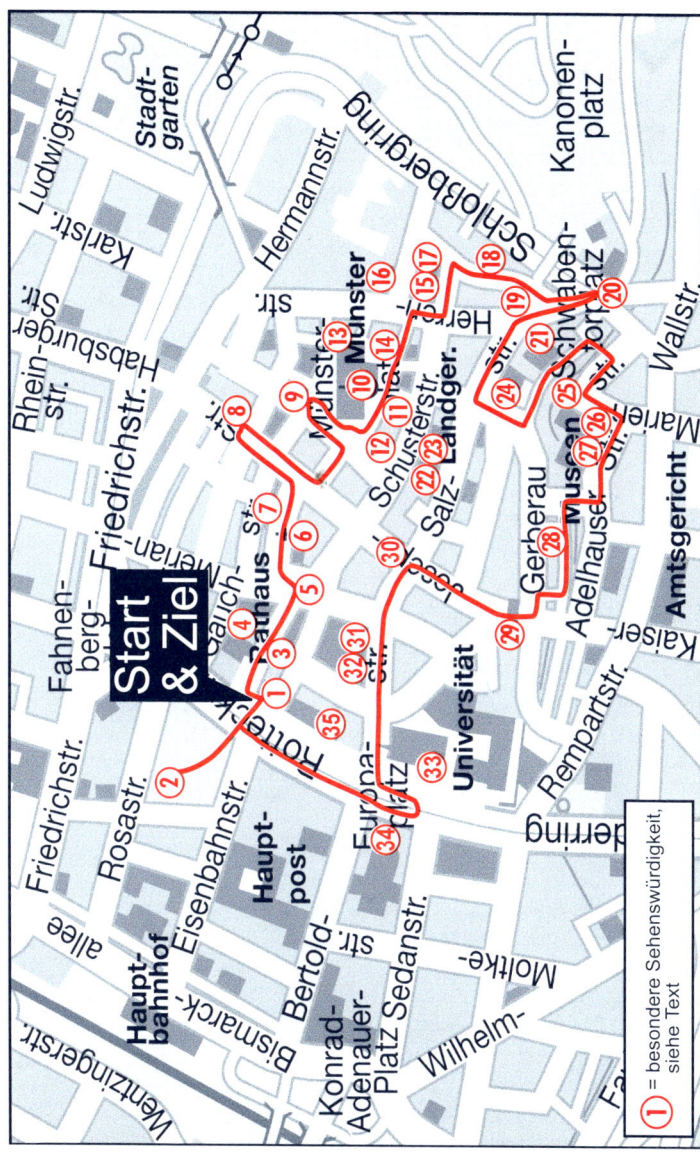

1 = besondere Sehenswürdigkeit, siehe Text

an interessanten Fassaden mit aufschlußreichen Inschriften gelangt man zum **Zunfthaus der Narren** ❸, in dem das Fasnets-Museum untergebracht ist.

Schräg gegenüber liegt das älteste Freiburger **Rathaus,** seit 1547 **Gerichtslaube** ❹ genannt. Bereits 1303 wurde erstmals ein Rathaus an dieser Stelle erwähnt.

Am Ende der *Turmstraße* passiert man eine Überführung, die Altes und Neues Rathaus miteinander verbindet, und gelangt zum prächtigen Rathausplatz mit den beiden **Rathäusern** ❺ und den Resten des **ehemaligen Franziskanerklosters** ❻.

Das Alte Rathaus auf der rechten Seite wurde 1557–59 aus mehreren alten Häusern zusammengefügt; die Fassade war ursprünglich völlig bemalt. Über dem Hauptportal halten die Doppeladler des Heiligen Römischen Reiches Deutscher Nation das Freiburger und das vorderösterreichische Wappen fest.

Das Neue Rathaus auf der linken Seite entstand erst zwischen 1896 und 1901 durch den Umbau eines Doppelhauses aus der Renaissance. Dieses diente der Universität lange Zeit als Kollegiengebäude und Verwaltung, später war es Anatomie- und Poliklinik. Der Gang durch das schmiedeeiserne Tor führt in einen stimmungsvollen Innenhof, in dem im Sommer Freilichttheater gespielt wird.

Die Nord- und Ostseite des Platzes flankiert das ehemalige Franziskanerkloster mit einer Kirche von ca. 1300. Das Brunnendenkmal auf dem Rathausplatz (1853) zeigt Berthold Schwarz, den Erfinder des Schießpulvers.

Links an der St.-Martin-Kirche mit neugotischem Turm vorbei führt der Weg in die *Franziskanerstraße.* Dort steht auf der linken Seite eines der schönsten Häuser der Stadt, das **„Haus zum Walfisch"** ❼ mit seinem prächtigen spätgotischen Portalerker. Der Schatzkanzler Kaiser Maximilians I., J. Villinger, ließ den Bau in den Jahren 1514–16 ausführen. Zwei Jahre lang wohnte hier Erasmus von Rotterdam, 1529 war er von der Reformation aus Basel vertrieben worden.

Die *Franziskanerstraße* endet an der Freiburger Shopping-Meile *Kaiser-Joseph-Straße.* Diese Hauptstraße mit den erst nach dem Krieg entstandenen Arkadengängen diente im Mittelalter als Hauptmarkt, abgegrenzt vom Martinstor im Süden und dem schon 1704 abgerissenen Christoffeltor im Norden. Bis 1777 hieß sie „Große Gass". Zu Ehren des Habsburgerkaisers Joseph II. benannte man die Straße bei seinem Besuch in Freiburg um. Auf der *„KaJo"* biegt man links herum ab und steht nach ca. 100 m vor dem **„Basler Hof"** ❽, der von 1587 bis 1677 dem Basler Domkapitel als Exilresidenz diente. Die Domherren ließen das 1496 errichtete Gebäude neu dekorieren und auch die Basler Stadtheiligen an der Fassade anbringen. Das Gebäude wurde bei einem Luftangriff 1944 zerstört und 1951 wiederaufgebaut. Heute ist der Basler Hof Sitz des Regierungspräsidiums.

Geht man die „KaJo" gut 100 m Richtung Süden wieder zurück und biegt dann nach links in die *Münsterstraße* ab, so eröffnet sich der wohl berühmteste Freiburger Ausblick: das Münster mit den umliegenden historischen Häusern im Vordergrund und der sattgrüne Schwarzwald scheinbar direkt dahinter. Bis 1770 war der Münsterplatz von einer Mauer umgeben, im Mittelalter diente er u. a. auch als Friedhof. Auf der Nordseite des Platzes baute die Stadt 1498 einen Kornspeicher. Das **Kornhaus** ❾, zwischenzeitlich auch Schlachthaus, wurde 1970 rekonstruiert.

Durch den nördlichen Seiteneingang gelangt man in das berühmte **Freiburger Münster „Unserer lieben Frau"** ❿. Der 116 m hohe Turm überragt bis heute alle umliegenden Gebäude und galt dem Basler Kulturhistoriker Jakob Burckhardt als "schönster Turm der Christenheit". Das Münster ist eine der wenigen Kirchen im Rheintal, die im Mittelalter begonnen und auch fertiggestellt worden sind. Besonders zügig unter den Stauferkaisern und den Habsburgern bauten Handwerker 300 Jahre lang am Gotteshaus und vereinigten drei große Stilrichtungen zu einem Gesamtkunstwerk. Initiator war der Zähringer Bertold V., der eine repräsentative Grablege für sich und seine Dynastie plante. Querhaus und Chor wurden bis zu seinem Tod (1218) fertiggestellt, danach wurde umgeplant. Zwischen 1200 und 1225 diente das Basler Münster als Vorlage, burgähnlich wurde die Kirche im spätromanischen Stil begonnen. Von 1230 bis 1340 stand das gotische Straßburger Münster Baupate (Langhaus, Turm). Im Stile der Neugotik wurde dann 1354 mit dem Neubau eines größeren Chors begonnen, der aber erst 1513, nun im „flamboyanten Stil" erbaut, eingeweiht wurde.

Soweit die Baugeschichte. Aber im und am Münster verstecken sich viele bemerkenswerte Besonderheiten: etwa der steinerne Wasserspeier an der Südseite, eine Frau, die dem Passanten dreist ihren Allerwertesten entgegenstreckt und bei Regen gar zu „pinkeln" beginnt; oder Brot und Brötchen, mittelalterliche Maßeinheiten, die in die Turmstrebepfeiler geritzt sind und vom Miteinander von Markt und Kirche erzählen; oder auch die bunten Glasfenster mit den Wappen der Handwerkszünfte, die den Kirchenbau „sponsorten".

Hauptstück der Innenausstattung ist der Hochaltar des Hans B. Grien, ein Hauptwerk der Malerei zwischen Spätgotik und Renaissance. Weitere mittelalterliche Altäre stehen in den Chorkapellen und im Querhaus. Um 1560 entstand die Kanzel, 1795 erst ihr hölzerner Schalldeckel. Im 19. Jh. entstanden mit der Erhebung zur Kathedrale (1827) zahlreiche neugotische Ausstattungsstücke. Vier Orgelwerke mit zusammen 134 Registern und 10.185 Pfeifen erklingen zum Lobe Gottes. Der Turm ist in 328 Stufen zumindest bis zur obersten Galerie zu besteigen, was einen großartigen Blick auf die Stadt ermöglicht. Im Glockengestühl sieht man eine der ältesten Glocken Deutschlands, die fünf Tonnen schwere „Hosanna" von 1258 (zu hören freitags um 11 Uhr).

Südlich des Münsters, vorbei an Fischbrunnen (Entwurf von 1483) und Georgsbrunnen, erwartet den Besucher das rote **Historische Kaufhaus ⓫**. Die Arkadenhalle dieses Gebäudes der städtischen Markt-, Zoll- und Finanzverwaltung weist es als Stätte des Handels aus. Die Stadt ließ das Gebäude 1520–30 errichten und in Wappen und Standbildern die Verbundenheit mit den Habsburgern darstellen. Das Untergeschoß (Kaufhalle) war einst dem Handel vorbehalten, im Obergeschoß befand sich der Festsaal.

Das große Barockpalais rechts des Alten Kaufhauses wurde 1756 als Ständehaus für Freiburgs Ritterschaft errichtet und dient seit 1832 als **Erzbischöfliches Palais ⓬**.

Links des Historischen Kaufhauses ließ der Maler, Bildhauer und Architekt J. C. Wentzinger 1761 nach eigenem Entwurf sein barockes Wohnhaus („Haus zum Schönen Eck") mit Werkstatt bauen, heute **Museum für Stadtgeschichte ⓭** (Teil des Augustinermuseums).

Neben weiteren schönen Domherrenhäusern fällt an der Ostseite des Münsterplatzes die **Alte Hauptwache ⓮** von 1733 auf, seit Sommer 1997 „Haus der Badischen Weine" (man kann den Wein hier in Dutzenden von Sorten kosten). Am Rande bemerkt: Im Erdgeschoß befand sich die einzige öffentliche Toilette Deutschlands, die unter Denkmalschutz stand.

Der Weg führt zwischen Alter Hauptwache und Münster hindurch zur *Herrenstraße* mit der alten **Münsterbauhütte ⓯**.

Auf der gegenüberliegenden Straßenseite erhebt sich die klassizistische **Konviktskirche ⓰**, daneben das gerade aufwendig renovierte **Erzbischöfliche Ordinariat ⓱**, 1903 erbaut.

Man folgt der *Herrenstraße* (bis 1866 „Pfaffengasse") weiter nach rechts, vorbei an schönen Domherrenhäusern und Klosterhöfen sowie dem Hauptkanal für die Bächle (sie sind heute insgesamt fast 15 km lang), die seit Jahrhunderten durch die Straßen der Altstadt strömen und ein Freiburger Wahrzeichen geworden sind; sie wurden im Mittelalter zum Waschen und auch zur Trinkwasserversorgung angelegt, zudem dienten sie als Viehtränke und Brandschutz.

Links herum gelangt man nun durch die *Münzgasse* in die **Konvikt-straße ⓲**, ein preisgekröntes, sehenswertes Musterbeispiel für Altstadtsanierung. Dieses Quartier um Oberlinden ist mit der älteste Siedlungsraum der Stadt Freiburg.

Noch älter ist die Straßengabelung *„Oberlinden"* ❶❾ um den barocken Marienbrunnen unter der „Oberen Linde", auf die man nun stößt. Hier zweigte die alte Straße nach Herdern vom großen Salz-Handelsweg nach Schwaben ab. Die Zähringer haben diese Verkehrsader unverändert in die Stadt Freiburg aufgenommen.

Um 1200 wurde dieser Handelsweg vom **Schwabentor** ❷⓪ überbaut, auf das im 16. Jh. das Bild eines schwäbischen Salzkaufmanns gemalt wurde; das St.-Georgs-Bildnis auf der Außenseite stammt von 1903. Vom Schwabentor aus empfiehlt sich ein Abstecher zu Fuß über den Schwabentorsteg treppauf zum Greiffeneggschlößle (oder noch höher zum alten Kanonenplatz, von wo aus man eine tolle Aussicht auf das Münster, die ganze Stadt und die weite Umgebung hat).

Kleine Läden und Gasthäuser prägen die Umgebung des Schwabentors, der **Gasthof „Zum Roten Bären"** ❷❶ in unmittelbarer Nähe gilt als der älteste in Deutschland (Wirteliste seit 1387).

Vom Schwabentor geht man auf der *Salzstraße* ca. 150 m stadteinwärts und dann an der Augustinerkirche links auf den Augustinerplatz mit seinen schönen alten Gerberhäusern. Vor dem Abbiegen lohnt der Blick geradeaus auf die Barockfassaden der 1768 von F. A. Bagnato erbauten **Deutschordenkommende** (links) ❷❷ und des frühklassizistischen **Palais Sickingen** (1770–72) ❷❸.

Der *Augustinerplatz* heißt nach dem Kloster der Augustinereremiten, das um 1300 erbaut, Anfang des 18. Jh. barockisiert wurde und seit 1923 das **Augustinermuseum** ❷❹ beherbergt, das größte Freiburger Museum mit Schwerpunkt Oberrheinische Kunst vom Mittelalter bis zum Barock.

An den Resten der mittelalterlichen Stadtmauer entlang geht es nun links um einen Spielplatz herum zur sogenannten **„Insel"** ❷❺ mit schöner alter Bausubstanz. Der Bezirk wurde vom Krieg weitgehend verschont und bildet den letzten geschlossenen Teil der alten Stadt Freiburg.

Zwischen Brauhaus und Biergarten „Feierling" gelangt man zur kleinen Brücke bei der Ölmühle (mit ungewöhnlichem Bohlendach) und überquert den Gewerbekanal, den man für die Mühlen, die Edelsteinschleifer und die Gerber der Dreisam abgezwackt hat.

Der Weg führt weiter durch die *Marienstraße* und biegt rechts an der ehemaligen **Adelhauser Schule** ❷❻, seit 1985 Museum für Neue Kunst mit den Schwerpunkten Expressionismus, Neue Sachlichkeit und Abstraktion der 50er Jahre, ab. Er führt weiter durch die *Adelhauser Straße* zum kastaniengesäumten Kirchplatz mit dem Gänsemännle-Brunnen vor dem **Adelhauser Neukloster** ❷❼. Das Kloster entstand ab 1687 als

Ersatz für mehrere zerstörte Dominikanerklöster im Dorf Adelhausen, südlich von Freiburg. Der schlichte Innenraum birgt schöne Barockaltäre und wertvolle mittelalterliche Skulpturen.

Nach wenigen Metern auf dem *Gerbersteg* kommt man zur **Fischerau** ❷❽ wo früher Fluß- und Runzfischer ihre Wohnhäuser hatten. Heute laden hier schmucke kleine Läden und Lokale, ebenso wie in der parallel verlaufenden *Gerberau,* zum Verweilen ein.

Entlang des Gewerbekanals führt die Fischerau direkt vor das **Martinstor** ❷❾ aus der Zähringerzeit (um 1200) – der obere Aufbau im Stile des 15. Jh. stammt von 1901–3 –, das von imposanten Gebäuden aus der Zeit um 1900 umgeben ist; besonders die Fassade des ehemaligen Verlagshauses Poppen & Ortmann auf der linken Seite besticht mit ihrem großen roten Fachwerkgiebel (1903–5).

Durch das Martinstor folgt man der *Kaiser-Joseph-Straße* und gelangt zum **Bertoldsbrunnen** ❸⓪, seit dem frühen 19. Jh. die Hauptkreuzung der Stadt. Die nach links abzweigende *Bertoldstraße* führt an der **Alten Universität** ❸❶ und der **Alten Universitätskirche** ❸❷, ehemals Kirche und Kolleg der Jesuiten aus dem 17./18. Jh. (Vorbild in Solothurn), vorbei zum **Universitätsviertel** ❸❸ (links gelegen) mit seinen Kollegiengebäuden. Linker Hand, am *Platz der alten Synagoge,* auf den man nun stößt, erhebt sich das 1905–10 erbaute und frisch renovierte **Stadttheater** ❸❹ das mehr als 1.000 Besuchern Platz bietet.

Wendet man sich nun rechts herum auf den *Rotteckring,* so sieht man auf der rechten Seite das **Schwarze Kloster** ❸❺, das sich schwarzgekleidete Ursulinerinnen 1708–10 errichten ließen. Die von außen schlichte, seit 1894 altkatholische Kirche besitzt einen sehr schönen Innenraum mit Stukkaturen, alter Kanzel (1730) und alter Rokoko-Ausstattung (geöffnet Di–Fr 9.30–17 Uhr, Sa + So 10.30–17 Uhr).

Nach 50 m weiter geradeaus erreicht man wieder den Ausgangspunkt des Rundweges, die **Freiburg-Information** ❶.

Freiburg-Rundfahrt
Villen, Alleen und Aussichten

Eine bunt gemischte Fahrt durch die nördliche und westliche Freiburger Innenstadt, durch die Stadtteile Herdern, Zähringen, Mooswald und Stühlinger: Sehenswertes abseits der touristischen Hauptstrecken in der Altstadt. Auf der Anhöhe des Ottilienwaldes zur historischen Zähringer Burg, durch die Alleen Herderns an schmucken alten Villen entlang und an den modernen Unikliniken vorbei, durch den Seepark zurück in die belebte Innenstadt.

Besonders die Fahrt am Hang von Schloßberg, Immenberg und an der Eichhalde entlang bietet mit ihren wechselnden Taleinschnitten immer wieder neue Blicke gen Westen und später gen Süden.

Höchster Punkt und zugleich Wendepunkt der Strecke ist die Ruine der Zähringer Burg, wohin ein Abstecher und ein kurzer Fußweg allemal lohnen. An heißen Tagen ist am Ende der Tour ein Bad im Flückiger See möglich.

Als Gesamtbild sehenswert ist Herdern mit dörflichem Kern und ausgedehnten Villenvierteln aus der Gründerzeit, in der die Stadt Freiburg systematisch um begüterte Pensionäre aus nördlichen Gefilden Deutschlands warb. Prägend sind die Jugendstilgebäude mit Balkonen und altem Baumbestand, stilecht die rot-weißen Wappen der Zähringer an vielen Straßenschildern.

Start und Ziel:	*Freiburg Münsterplatz (Ost), Alte Wache*
Streckenlänge:	*14,5 km (+ 5 km zur Zähringer Burg + 5 km für Seepark)*
Charakter:	*Überwiegend auf asphaltierten Nebenstraßen und Radwegen, kurzer Waldweg; überwiegend flach; leichte Steigung zu Beginn; lange Steigung und Abfahrt beim Abstecher zur Zähringer Burg.*
Wegweisung:	*Meist Freiburg-Radrundweg.*
Verkehrsverbindungen:	*In Herdern Bus Linie 14; in Zähringen DB-Bahnhof und Bahnlinie 5; in Mooswald/Seepark Bus Linie 10, später Bahnlinie 1/Landwasser–Littenweiler (Zähringen–Besançonallee).*
Verknüpfungsmöglichkeiten:	*Rundfahrt durch die Freiburger Altstadt; Tour 5, Freiburg–Elzach.*
Variante:	*Ohne Abstecher zur Zähringer Burg (5 km kürzer) und/oder ohne Abstecher zum Seepark (5 km kürzer).*

Die Tour auf einen Blick

Nr.	km	Beschreibung
1	0,1	Vom *Münsterplatz*/**Alte Wache** durch *Herrenstraße* und *Auf den Zinnen,* auf der *Jakob-Burckhardt-Straße* am Stadtpark vorbei. Dem „Freiburg-Radrundweg" folgend rechts vor dem
2	0,6	**Alten Friedhof** durch *Hochmeisterstraße,*
3	2,3	*Langenhard-,* durch die *Immental-* rechts bis **Wintererstraße.** Diese links, über *Eichhalde,*
4	6,5	*Harbuckweg* durch den Wald bis **Rastplatz.** Links bis zur *Pochgasse.*
5	8,9	Hier rechts bergan Abstecher (2,1 km) zum **Waldrestaurant „Zähringer Burg".**
6		Von hier kurzer Fußweg zur **Zähringer Burg.**
7	12,2	Zurück, Pochgasse bis **Bahnhof Zähringen.** Nach Bahnunterführung links, *Wildtalstraße, Burgdorfer Weg* stadteinwärts.
8	13,1	An der *Hinterkirchstraße* (**Unterführung**) Bahnseite wechseln, links in die *Richard-Wagner-Straße,* nach 500 m rechts durch *Brahms-* und *Lerchenstraße* am
9	14,5	**Botanischen Garten** vorbei bis
10	14,7	*Ludwig-Aschoff-Platz/Friedrich-Gymnasium.* Geradeaus durch *Weiherhofstraße,* nach 50 m rechts in die Wölflinstraße.
11	16,2	Geradeaus *Tennenbacher Straße* bis **Tennenbacher Platz.**
12	16,4	Links durch die *Lortzingstraße* zum **Hauptfriedhof.**
13	16,6	Links *Heiliggeiststraße* bis **Breisacher Straße,** hier rechts bis
14	18,4	**Seepark.** Rund um den Flückiger See, zurück über *Lehener Straße, Berliner Allee,* durch die **2. Unterführung** links Radweg Richtung Post/Innenstadt *(Wannerstraße).*
15	20,6	An den Staßenbahngleisen entlang über *Eschholzstraße* in den
16	22,1	Stühlinger. Links am **„Stühlinger Dom"** und der Bahnüberführung vorbei, nach 100 m links über die Blaue Brücke, über
17	23,7	*Wilhelm-, Belfort-, Rempart-* bis **Kaiser-Joseph-Straße.** 100m links, dann rechts in die *Gerberau,*
18	24,0	nach 200 m **Augustinerplatz.**
19	24,3	Links hoch, *Salzstraße* rechts bis **Oberlinden,** links durch die *Herrenstraße* zurück zum
	24,5	Münster/**Alte Wache.**

0,1 km Den *Münsterplatz* am Ostende zwischen Münster und Alter Wache (seit Sommer 1997 „Haus der Badischen Weine") verlassen, bis zur *Herrenstraße* ❶.

Die Gebäude hinter der Alten Wache gehören von alters her zur Münsterfabrik, einer Institution, die den Bau des Münsters organisierte und überwachte. Zur Herrenstraße gewandt liegt die alte Werkstatt der Münsterbauhütte, eines der wenigen Sichtfachwerkhäuser in Freiburg. Nach Vollendung der Pfarrkirche zog die Bauhütte vom Münsterplatz in dieses Gebäude mit vorgelagertem Werkhof um. Um 1600 entstand das Fachwerkgeschoß als Wohnung für die Turmwächter, die vom Münsterturm aus vor allem nach Bränden im Stadtbereich Ausschau hielten. 1912 war die neue Münsterbauhütte an der Schoferstraße fertiggestellt. Sie wird bis heute als Planungsbüro und Werkstatt genutzt.

Auf dem Weg dorthin gelangt man zunächst zu Kirche (Konviktskirche) und Gebäude des „Collegium Borromaeum", 1823–26 als Priesterseminar und Ordinariatskanzlei errichtet.

Gegenüber dem Konvikt erstreckt sich die Fassade des Erzbischöflichen Ordinariats aus rotem Mainsandstein. Das monumentale Hauptverwaltungsgebäude (1903–06) der Erzdiözese Freiburg vereint Stilelemente der Spätromanik mit iro-keltischer Ornamentik und Jugendstilformen. Nur eingeschränkt zugänglich ist das prachtvoll ausgemalte Haupttreppenhaus hinter dem Mittelbau der langgestreckten Fassade aus dunkelrotem Sandstein.

Die Münsterbauhütte bietet bei regelmäßigen öffentlichen Führungen einen Einblick in die Restaurierungsarbeiten am Münster und in historische Techniken der Steinbearbeitung. Eine kleine Sammlung zeigt Gipsabgüsse, alte Werkzeuge, Originalskulpturen und ein großes Modell des Münsters aus dem Jahr 1896.

Die Herrenstraße, im 18. Jh. „Pfaffengaß" genannt, verdankt ihren Namen den zumeist am Münster tätigen geistlichen Herren, die bis heute zahlreiche Häuser in dieser Straße bewohnen. Hervorzuheben sind das barocke „Haus zum Landeck" (Nr. 35), der um 1760 erbaute Hof der Reichsabtei Schuttern und das „Haus zum Guldin Stauff" (Nr. 15) mit seinem Renaissance-Erker von 1579/80. In den Neubau eines Geschäftshauses hat man 1957 das nach dem Bombardement 1944 erhalten gebliebene Portal des „Collegium Sapientiae" eingefügt. Die 1501 gegründete „Sapienz" war das bedeutendste Kollegienhaus der Universität. In mehreren solchen „Bursen" wohnten die Studenten in einer klosterähnlichen Gemeinschaft.

Herrenstraße links bis *Auf der Zinnen,* rechts herum, in der Kurve links, über den *Leopoldring* hinweg in die *Jakob-Burckhardt-Straße.*
Am Stadtpark sowie an alten und neuen Gebäuden des Landratsamtes vorbei; nach 400 m rechts in die *Hochmeisterstraße* (schöne Allee). Links sieht man den **Alten Friedhof ❷**.

0,6 km

Nur wenig vom Stadtgarten entfernt lohnt der **Alte Friedhof** einen Besuch. Im Jahre 1683 eingerichtet, diente er bis 1872 als Hauptfriedhof der Stadt. Alte Bäume beschatten die zahlreichen, oft künst-

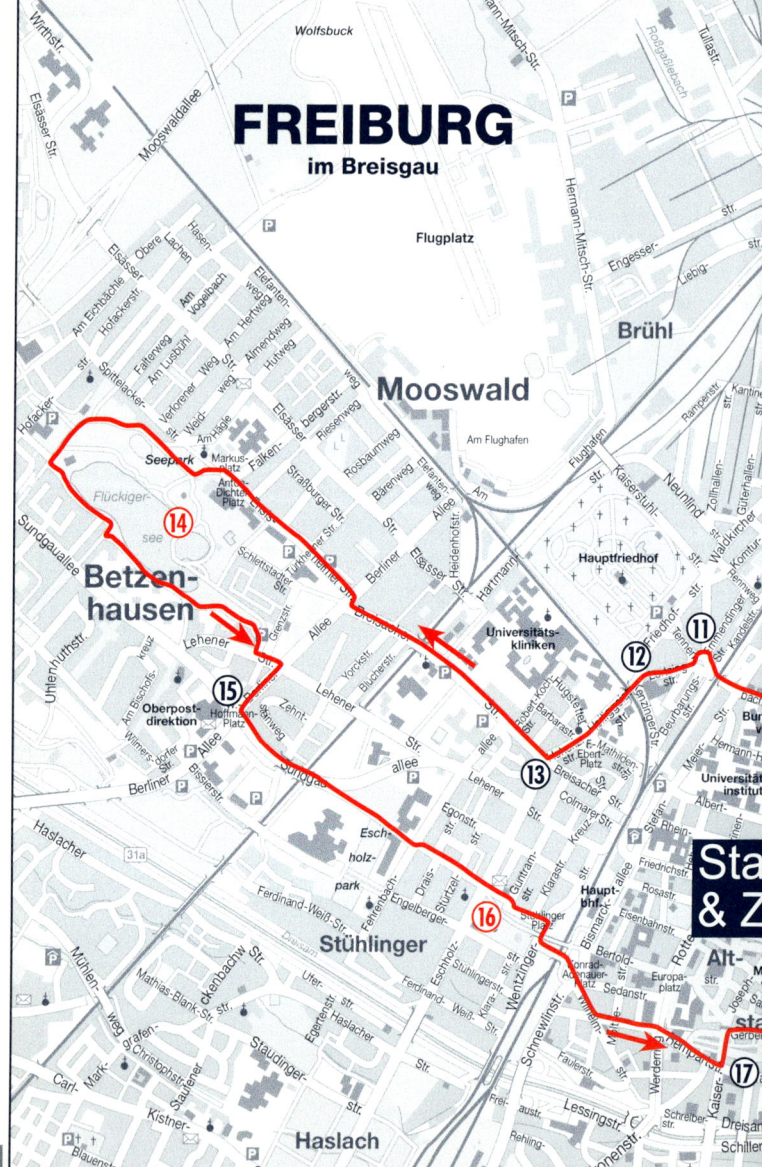

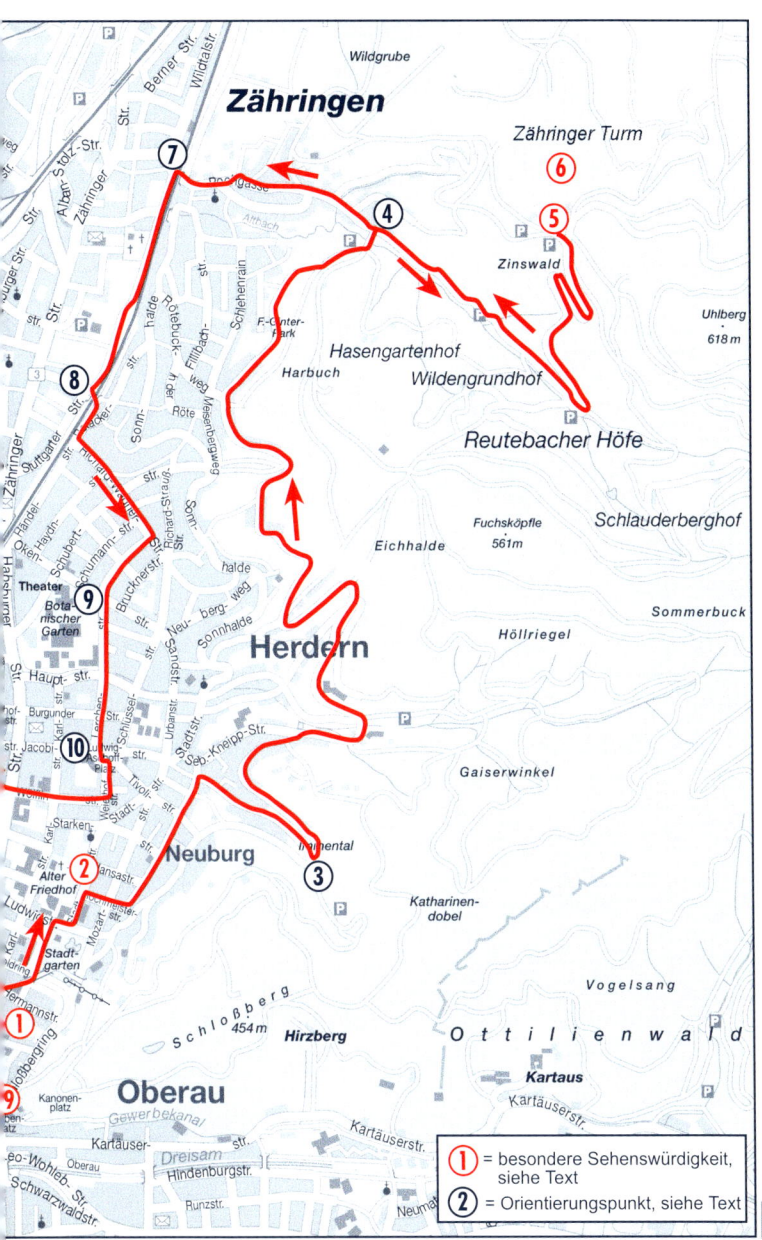

Wildgrube

Zähringen

Zähringer Turm

⑥

⑤

⑦

④

Zinswald

Uhlberg 618 m

Hasengartenhof

Harbuch

Wildengrundhof

⑧

Reutebacher Höfe

F-Center-Park

Schlauderberghof

Eichhalde

Fuchsköpfle 561m

Sommerbuck

⑨

Theater

Botanischer Garten

Höllriegel

Herdern

⑩

Gaiserwinkel

Neuburg

③

②

Katharinendobel

Alter Friedhof

Stadtgarten

Vogelsang

①

O t t i l i e n w a l d

S c h l o ß b e r g 454 m

Hirzberg

⑨

Kanonenplatz

Oberau

Kartaus

Kartäuserstr.

① = besondere Sehenswürdigkeit, siehe Text

② = Orientierungspunkt, siehe Text

31

lerisch gestalteten Grabmale. Rund um die barocke Michaelskapelle – ein Blick lohnt – haben Freiburger Bürger wie historische Persönlichkeiten ihre letzte Ruhestätte gefunden. Berühmteste Gräber sind die des Bonifade de Mirabeau (Bruder des revolutionären Franzosen), des Bildhauers und Architekten Johann Christian Wentzinger, des Verlegers Bartholomä Herder und des Archäologen Anselm von Feuerbach (Vater des renommierten Malers). Ein Obelisk erinnert seit 1950 an die Soldaten des 5. Badischen Infanterieregiments, die 1870/71 gefallen sind.

2,3 km

Am Ende der *Hochmeisterstraße* links in die *Längenhardstraße* (Fahrradweg). Vorbei an alten Villen, dann rechts bergan in die *Immentalstraße*. Nach 600 m ist an der **Winterer Straße ❸** der Rand des Universitätswaldes erreicht. Links abbiegen, den Schildern „Freiburg-Radrundweg"/„Hotel Mercure" folgen, immer am Hang entlang. Von hier oben lohnen wechselnde Ausblicke in Richtung Westen nach Herdern, zu Kaiserstuhl, Vogesen, Schönberg, später zum Münster, dann Richtung Süden auf Schauinsland und Richtung Feldberg.

5,6 km

Der Weg führt über den Glasbach und die *Eichhalde* hinweg, dann Abfahrt die *Eichhalde* hinunter bis *Rötebuckweg;* hier direkt rechts in den *Harbuckweg,* der nach 100 m in einen schönen Weg durch Wald und Wiesen übergeht.

6,5 km

Nach 800 m **Ende des Waldweges ❹** (links Spielplatz und Raststelle im Wald). Über den Altbach, nach 100 m führt die *Pochgasse* links den Berg hinunter Richtung Bahnhof Zähringen.

Hier lohnt ein Abstecher zur Zähringer Burg:

Nach der Fahrt über den Altbach die *Pochgasse* rechts bergan (den Schildern „Waldrestaurant Zähringer Burg" folgen, die Entfernungsangabe 1,5 km ist stark untertrieben!) auf langer asphaltierter Wald- und Serpentinenstrecke den Berg hinauf, nach 2,1 km an der Ab-

8,9 km

zweigung links zum „Waldrestaurant Zähringer Burg" ❺.

Das idyllisch gelegene „Waldrestaurant Zähringer Burg" (Pochgasse 149, Tel. 07 61 / 5 43 22) bietet in den Wintermonaten neben einem wärmenden Kachelofen eine große Auswahl an Fondues und Raclettes. Absoluter Renner ist aber das sonntägliche große Frühstücksbuffet badischer Art (bis 13.30 Uhr). Zu den ca. 100 Plätzen in der gemütlichen Stube kommen ein Nebenraum und ein großer Biergarten sowie Picknickplätze.

Der 10minütige Fußmarsch von hier zur **Zähringer Burg** ❻ lohnt schon wegen des großartigen Blicks auf die Stadt Freiburg und das nördliche Umland.

Die Zähringer Burg wurde Ende des 11. Jh. von den Herzögen von Zähringen als Stammsitz errichtet. Konrad von Zähringen siegelte 1120 die Marktgründerurkunde der Stadt Freiburg während der Regierungszeit seines Bruders Bertold III.

Zähringer Städte wie Bern, Villingen und Freiburg wurden zu Zentren der Geschichte.

1218 starb der letzte Zähringer Herzog, Bertold V., kinderlos. Er wurde im romanischen, schon fertiggestellten Teil des Münsters beigesetzt.

Von der Zähringer Burg steht seit dem Bauernkrieg (1525) nur noch der zinnengekrönte Bergfried. Von hier oben erkennt man das künstlich angelegte Oval (ca. 400 x 250 m), Reste eines Ringwalls mit Graben, die auf eine ältere Anlage schließen lassen. Ausgrabungen unter der Burg belegen den Erzabbau bereits im frühen Mittelalter (Schlüssel zur Besichtigung im Waldrestaurant).

Nach dem Aufenthalt den gleichen Weg wieder zurück, die *Pochgasse* bergab, unter der Bahnlinie am **Bahnhof Zähringen** ❼ hindurch bis zur *Wildtalstraße.* *12,2 km*

Hier links, nach 100 m geradeaus *(Burgdorfer Weg)* parallel zu den Bahngleisen stadteinwärts (Radweg) bis zur **Bahnunterführung** ❽ an der *Hinterkirchstraße.* Hier links unter der Bahn hindurch, rechts in die *Händelstraße* (Radweg) abbiegen, nach 200 m links in die *Richard-Wagner-Straße* (Radweg), nach 500 m in die *Brahmsstraße,* über die *Okenstraße* schräg links in die *Lerchenstraße,* am **Botanischen Garten** ❾ vorbei bis zum ***Ludwig-Aschoff-Platz*** ❿. *13,1 km*

14,7 km

Am Friedrich-Gymnasium links vorbei in die *Weiherhofstraße,* nach 150 m rechts in die *Wölflinstraße.* Geradeaus über die *Habsburgerstraße* hinweg, der *Tennenbacher Straße,* vorbei am roten Herder-Verlagshaus und am Gefängnis, über die *Stefan-Meier-Straße* hinweg folgen, unter der Bahn hindurch bis zum **Tennenbacher Platz** ⓫. *16,2 km*

Hier links in die *Lortzingstraße,* an deren Ende die *Heiliggeist-Straße* überqueren, am **Hauptfriedhof** ⓬ links herum auf dem Radweg unter der Bahn hindurch bis zur Kreuzung *Hohenzollernstraße/* **Breisacher Straße** ⓭. *16,4 km*

16,6 km

Hinter der Bahnhaltestelle rechts in die *Breisacher Straße* (hier mögliche Abkürzung geradeaus die *Eschholzstraße* Richtung Stadtmitte/ Stühlinger).

18,4 km

Auf dem Radweg an den Unikliniken vorbei, über die *Berliner Allee* hinweg, die *Ensisheimer Straße* (links Eisstadion, Heimat des bekannten Eishockeyclubs EHC „Die Wölfe") entlang, am Hallenfreibad West vorbei zum **Seeparkgelände** ⑭, das mit Bänken, Wiesen, Spielplatz, Minigolf und dem See-Restaurant „Lago" zur Rast einlädt.

Inmitten eines Neubaugebietes entstand der Seepark rund um den Flückiger See. Dieser diente lange Zeit der Kiesgewinnung und wurde für die Landesgartenschau 1986 in einen Landschaftsgarten mit zahlreichen bemerkenswerten Parkbauten einbezogen. Eine Attraktion ist der Japanische Garten hinter dem Bürgerhaus Seepark am Nordostende, der 1990 als Geschenk der japanischen Partnerstadt Matsuyama eingerichtet wurde. Wiesen, Bänke, Bäume und ein Spielplatz laden zum Verweilen ein. Der See zieht Schwimmfreunde an, und der Minigolfplatz interessiert die Hobby-Sportler.

Ende Juli findet am Seepark die größte Freiluft-Fete der Stadt mit Kinderspektakel, Feuerwerk und Musik bis in die Morgenstunden statt.

20,6 km

Auf dem Seepark-Gelände geradeaus dem Radweg folgen, rechts des Sees um diesen herum fahren. Nach ca. 800 m hinter dem Bürgerhaus links am Seeufer entlang bis Südostspitze, hier rechts abbiegen zur *Lehener Straße,* auf die Wohnhäuser zu. In der *Lehener Straße* links herum, nach ca. 100 m rechts auf den Radweg der *Berliner Allee,* in den Unterführungen die *2. Unterführung* ⑮ links (Schild „Post"/„W.-Hoffmann-Platz"), danach immer links halten (Schilder „Stadtmitte").

22,1 km

Auf dem Radweg *Wannerstraße* parallel zur Stadtbahnlinie bis zur *Eschholzstraße.* Hier beginnt der Stadtteil Stühlinger mit seinem weithin sichtbaren „Dom".

Die Herz-Jesu-Kirche, liebevoll **Stühlinger Dom** ⑯ genannt, bietet seit ihrer Renovierung wieder ein prächtiges Bild beim Übergang von der Innenstadt in den Stühlinger. Weithin sichtbar ragen die zwei hohen Kirchtürme des Freiburger Historismus der Jahrhundertwende empor. Die Kirche wurde 1892–97 nach Plänen von Max Meckel errichtet und gerade frisch renoviert.

Der Schwerpunkt städischer Industrieansiedlung wurde noch vor 1900 von der Wiehre in den Stadtteil Stühlinger verlagert. Das ehemalige Arbeiterviertel ist heute ein bevorzugtes stadtnahes Wohn-

Marktstände auf dem Münsterplatz (Tour 1)

Abendlicher Blick auf den Stadtteil Wiehre (Tour 1)

Am Rande der City: die romantische Fischerau (Tour 1)

gebiet mit Gründerzeitarchitektur und bemerkenswerter Neubebauung, etwa am Lederleplatz, das besonders gerne von Studenten und Junggebliebenen bewohnt wird. Ins ehemalige städtische Elektrizitätswerk an der Dreisam wurden z. B. Künstlerateliers und Ausstellungsräume gebaut.

Über die *Eschholzstraße* hinweg, nach 100 m links herum über die Bahngleise, am Café Platzer direkt wieder rechts herum der *Wannerstraße* folgen bis *Stühlinger Platz,* hier rechts in die *Wentzingerstraße.* Nach 100 m links über die *Blaue Brücke* Richtung Konzerthaus/Hotel Dorint auf den *Konrad-Adenauer-Platz.*

Hier geht es rechts des Dorint-Hotels schräg links in die *Wilhelmstraße,* dann nach 200 m links in die *Belfortstraße,* über den *Werderring* hinweg, zwischen KG I der Universität und Mensa hindurch auf der *Rempart-* bis zur **Kaiser-Joseph-Straße ⑰**.

23,7 km

Hier links abbiegen, nach ca. 100 m rechts in die *Gerberau,* nach 200 m, an schönen Geschäften, Hotels, Cafés, Restaurants vorbei, erreicht man den **Augustinerplatz ⑱**.

24,0 km

Seinen Namen verdankt der Augustinerplatz dem unmittelbar an der Stadtmauer (Reste sichtbar) gelegenen Kloster der Augustinereremiten. Die ältesten Teile des zu Beginn des 18. Jhs. umgebauten und erweiterten Komplexes stammen aus der Zeit um und nach 1300 (Kirche und Kreuzgang). Noch unter Joseph II. mußten die Augustiner ihr Kloster verlassen. 1821 kamen die Gebäude in städtischen Besitz. Die Kirche wurde umgebaut und diente bis 1910 als Stadttheater. Bis 1923 wurden Kirche und Kloster wiederhergestellt und als Museum für Kunst und Kultur eingerichtet (geöffnet Di–Fr 9.30–17 Uhr, Sa + So 10.30–17 Uhr).

Links hoch führt der Weg zur *Salzstraße.* Diese führt rechts nach 100 m zur Gabelung **Oberlinden ⑲**.

24,3 km

Bei Oberlinden mündet die *Herrenstraße* in die *Salzstraße,* eine der beiden Hauptachsen der Altstadt. Die Straßengabelung am Oberlindenbrunnen, der in der Barockzeit erwähnt wurde, existierte schon vor der Gründung Freiburgs. Die heutige Linde wurde vor mehr als 250 Jahren (1729) gepflanzt, dahinter versteckt sich der kleine barocke Marienbrunnen. Hier verläuft ein besonders breites Bächle; es ist der Hauptkanal, von dem die zahlreichen Seitenstränge abzweigen.

Mit dem Rundblick auf Schwabentor, Konviktstraße und auf Deutschlands ältesten Gasthof, den „Roten Bären" (1387), bieten sich hier die schönsten Motive der Freiburger Altstadt.

An Linde/Brunnen links in die *Herrenstraße* abbiegen, an Boutiquen, Restaurants und Bischöflichem Ordinariat vorbei, links herum zurück zum Münster/**Alte Wache**.

24,5 km

Schauinsland – wo der Name Programm ist
Der Sonne entgegen und rasant ins Tal

Die Fahrt mit Fahrrad und Seilbahn auf den Schauinsland und wieder hinunter nach Freiburg gehört zu den besonderen Angeboten dieser Region. Keine andere deutsche Großstadt hat solche Höhen vorzuweisen wie Freiburg mit seinem 1284 Meter hohen Schwarzwaldgipfel Schauinsland. „Schauen – schweben – selig sein" und „Der Sonne entgegen" – so wirbt die Schauinslandbahn für das Erlebnis, in Großkabinen aus den Niederungen des Tales hinaufzuschweben auf den Aussichtsberg mit Blick auf Feldberggipfel, Vogesen, Rheinebene und Kaiserstuhl, bei klarer Sicht gar bis in den französischen und Schweizer Jura.

Auf dem Schauinsland selbst sind Aussichtsturm, Museumsbergwerk, Observatorium und Bauernmuseum besuchenswert. Auf halber Abfahrt lockt der Freizeitpark Steinwasen.

Sportliche Fahrer können natürlich auch den Aufstieg mit dem Fahrrad, z. B. ab Bohrer über Horben oder auf der L 124 Richtung Todtnau, in Angriff nehmen, dazu braucht es allerdings einige Kraft und Kondition. Für Nichtsportler ist die Fahrt auf 474 Meter zur Talstation mit stetiger Steigung eine schöne Herausforderung. Das ganze Unternehmen ist auf jeden Fall die Mühe wert, besonders bei gutem Wetter – wegen der schönen Ausblicke und der guten Luft auf dem Berg, wegen der sportlichen Abfahrt und wegen der schönen Rückfahrt durchs Dreisamtal auf dem Radweg direkt an der Dreisam entlang.

Start und Ziel:	*Freiburg, St.-Johannes-Kirche/Johanneskirchplatz*
Streckenlänge:	*34 km*
Charakter:	*Im ersten Teil bis zur Talstation Innenstadtstraße, asphaltierter Radweg und mäßig befahrene Landstraße; bergab mäßig befahrene Landstraße bis Oberried, ab hier Radweg bis Kirchzarten, asphaltierte Nebenstrecken durch das Dreisamtal und Radweg an der Dreisam entlang zurück nach Freiburg.*
Wegweisung:	*Ab Freiburg gute Straßenbeschilderung zur Talstation Schauinsland, von der Bergstation aus Richtung Todtnau, dann Oberried, ab hier Dreisamtal-Radwanderweg Richtung Freiburg.*
Verkehrsverbindungen:	*Von Freiburg zum Schauinsland mit der Straßenbahn VAG Linie 4 bis Endhalt Günterstal, Dorfstraße; ab hier mit dem VAG-Bus Linie 21 (Richtung Horben) bis zur Talstation*

**Verknüpfungs-
möglichkeiten:**

*(hier auch großer PKW-Parkplatz), dann
Schauinslandbahn; von Schauinsland bzw.
Hofsgrund aus SBG 7215 (Todtnau–Freiburg),
Winterhalter Linie 272 nach Freiburg-Litten-
weiler; von Kirchzarten DB 727 und Hummel
Linie 221 nach Freiburg ZOB.*

Ab Oberried an Tour 12 (Dreisamtal).

Die Tour auf einen Blick

Nr.	km	Beschreibung
		Von der **St.-Johannes-Kirche** aus stadtauswärts durch die *Günterstalstraße,* später Radweg an der Schauinslandstraße entlang nach
1	**3**	**Günterstal.**
2	**6**	Geradeaus durch den Ort, L 124 bis **Bohrer,**
3	**6,5**	hier rechts bergan zur **Talstation der Schauinslandbahn.**
4	**7**	Bergfahrt mit der Bahn; oben vom **Parkplatz an der L 124** aus links Richtung Todtnau.
5	**9**	**Nach 2 km links abbiegen** Richtung Hofsgrund/Oberried, Abfahrt durch Hofsgrund
6	**13**	bis zur **Straßengabelung,** hier links,
7		nach 300 m **Bergwildpark Steinwasen.**
8	**19**	Abfahrt über Hintertal nach **Oberried** und
9	**22**	**Kirchzarten.** Durch den Ort Richtung Freiburg,
10	**25**	parallel zur Brugga bis **Neuhäuser.** Rechts herum zur L 126, über die Schienen,
11	**31**	am Dreisamufer entlang bis **Ebnet,**
	34	weiter Dreisamufer bis **St.-Johannes-Kirche** in Freiburg.

 An der mächtigen St.-Johannes-Kirche beginnt der erste Teil
der Tour, hinauf zur Talstation der Schauinslandbahn.

Fährt man in Freiburg durch das Martinstor Richtung Dreisam, signa-
lisiert die imposante **St.-Johannes-Kirche** im klassizistischen Stil
der Jahrhundertwende den Beginn des Stadtteils Wiehre. In An-
lehnung an den Bamberger Dom wurde die Kirche von 1894–1899
im romanischen Stil errichtet. Sehenswert ist die großzügige Innenausstattung mit schönen Wandbildern und Altären.

Von der Kirche aus geht es stadtauswärts rechts parallel zu
den Straßenbahnschienen *(Günterstalstraße),* der Beschilderung „Schauinsland" folgend. Leicht aufwärts führt der Weg an den

Villen des Lorettoberges vorbei, ab der Holbeinstraße steht ein Radweg zur Verfügung. An Wiesen und Hölderlebach entlang führt die Schauinslandstraße mit Blick auf Schwarzwaldberge ins schmaler werdende, sehr schöne **Günterstal** ❶. Druch den engen Torbogen erreicht man das Zentrum des Ortes Günterstal, den *Klosterplatz*; rechts fällt der Blick auf das ortsprägende alte Klostergebäude.

3 km

Weiterfahrt geradeaus, ab Ortsmitte Günterstal rechts 1 km lang Radweg bis zum Ortsausgang, ab hier Landstraße zunächst leicht ansteigend an schönen Wiesen vorbei bis zur vorderen Bohrermühle. Zu Beginn des Waldes 500 m steilere Passage bis Bushaltestelle Küchlin, dann wieder leichter bergan bis **Bohrer** ❷.

6 km
6,5km

Hier rechts bergan zur **Talstation der Schauinslandbahn** ❸ (474 m ü.d.M., mit Parkplatz und Picknickplätzen links vor den Serpentinen nach Horben).

Die **Schauinslandbahn** war die erste Großkabinen-Seilbahn im Umlaufsystem, die auf der Welt gebaut wurde. Eröffnet wurde der Betrieb im Jahre 1930.

Die Bahn kann heute nach ihrer Modernisierung (1988) pro Stunde bis zu 700 Fahrgäste in 37 Kabinen auf den Gipfel befördern.

Technische Einzelheiten:

Streckenlänge 3.600 m
Höhenunterschied 746 m
7 Stützen + Mittelstation
größte Spannweite (zwischen Stütze 6 und 7) 734 m
größte Höhe zum Boden (zwischen Stütze 6 und 7) 67 m
Fördergeschwindigkeit max. 4 m pro Sekunde
Fahrzeit rund 15 min

Info: Schauinslandbahn, Tel. 07 61 / 29 29 30
Wetter, Tel. 07 61 / 1 97 03

Betriebszeiten: 1. Mai – 31. Mai 9–17 Uhr
1. Juni – 14. Sept. 9–18 Uhr
15. Sept. – 31. Okt. 9–17 Uhr
1. Nov. – 30. April 1999 9.30–17 Uhr
bei laufendem Betrieb Abfahrt nach Bedarf
grundsätzlich Fahrradmitnahme, an Wochenenden
und Feiertagen eingeschränkt (vorher nachfragen),
bei mehreren Rädern Wartezeit möglich.

Preise (1997): Berg- und Talfahrt 20 DM/einfache Fahrt 13 DM;
Fahrrad 13 DM; Ermäßigungen mit Regio-Karte

Einkehr: Talstation: Vesperstube Tel. 07 61 / 29 03 19,
             geöffnet tägl. 10–20 Uhr
             Bergstation: Restaurant Tel. 0 76 02 / 7 71,
             geöffnet 9–18 Uhr, Di Ruhetag (außer in den
             Sommerferien), November geschlossen

Fahrt mit der Schauinslandbahn bis hinauf zur Bergstation (1220 m ü.d.M.) mit Gaststätte mit Terrasse, Spielplatz.

Man verläßt die Station durch den Rad-Ausgang, geht um das Gebäude herum bis zur kleinen Straße, die vor der Gaststätte ca. 200 m lang zum **Parkplatz an der L 124 ❹** führt (links führt ein Weg zum Aussichtsturm und zum Museumsbergwerk).   *7 km*

Von der Bergstation der Schauinslandbahn aus erreicht man in ca. 30 min Fußweg (Radfahren leidlich möglich) den **Eugen-Keidel-Turm** auf dem Gipfel des Schauinsland. An seinem Aufgang kann man an einer Orientierungstafel das beeindruckende Panorama erforschen; an klaren Tagen erkennt man vom Aussichtsturm aus sogar Eiger, Mönch und Jungfrau im Berner Oberland.

In seinem Innern barg der Hausberg der Freiburger früher Bodenschätze. Das Schauinsland-Massiv wird von ca. 100 km langen Bergwerkstollen durchzogen, in denen man Bleierz und Silber abbaute. Die bis zu 800 Jahre alten Stollen begründeten teilweise den Reichtum der Stadt, ohne den z. B. der prachtvolle Münster-Bau nicht möglich gewesen wäre.

Auf dem Gipfel besuchenswert ist das **Museumsbergwerk** (Zugang vom Gipfelparkplatz oder der Seilbahn-Bergstation, gut ausgeschildert, ca. 5 min Fußweg). Das in 800 Jahren auf der Suche nach Silber, Blei und Zink geschaffene Grubengebäude ist das größte des Schwarzwaldes und kulturgeschichtlich wertvoll, weil es alle für den Metallerz-Bergbau typischen Perioden aufweist: Beginnend mit den kaum mannshohen, von Hand herausgemeißelten Stollen bis hin zu den riesigen mit Dynamit herausgesprengten Abbauhohlräumen des 20. Jh. ist alles vorhanden und zu besichtigen. Gezeigt werden die wesentlichen Teile des von der Forschergruppe Steiber in 21 Jahren und über 150.000 Arbeitsstunden erkundeten, gesichteten und wieder zugänglich gemachten Bergwerkes.

Angeboten werden drei Führungen: neben der einstündigen eine 20minütige speziell für Familien und Kinder sowie eine 2,5stündige bei Bedarf; benötigt werden warme Wanderkleidung und feste Schuhe.

Geöffnet von Ostern bis Ende Okt. Sa 11–17 Uhr, Führungen nach Bedarf; außerhalb dieser Zeiten für Gruppen nach Voranmeldung.

Preise (1997): 17 DM, Kombi-Ticket Berg-, Talfahrt und Führung: 29 DM (bei der Schauinslandbahn erhältlich); Familienführung 5 bzw. 3 DM für Kinder; große Führung 30 DM.

Nur einen kurzen Spaziergang vom Aussichtsturm entfernt liegt das **Sonnenobservatorium**/Sternwarte, wo im Sommer Führungen angeboten werden. Info: Freiburg-Information, Rotteckring 14, 79098 Freiburg, Tel. 07 61 / 3 88 18 80

Lebendig werden die alten Zeiten – als nur wenige Bauern ihre Nahrung den rauhen Schwarzwaldhöhen abtrotzten – im 1592 erbauten **Schniederlihof,** den man auch mit einem Abstecher von der Landstraße kurz hinter Hofsgrund nach links (Parkplatz) erreicht. Der Schniederlihof beherbergt ein Bauern- und Freilichtmuseum. Der höchstgelegene Bauernhof des Schwarzwaldes zeigt u. a. die typische häusliche Ausstattung, von Geschirr bis zum Handwerkszeug.

Schniederlihof, Gegendrummweg 3, Tel. 0 76 02 / 4 48; geöffnet 10–17 Uhr: Mai, Juni Sa + So, feiertags; Juli, Aug. tägl.; Sept. Di, Do, Sa, So, feiertags; Okt. Di, Sa, So, feiertags.

9 km Vom Parkplatz an der L 124 aus fährt man links leicht abwärts die Landstraße in Richtung Todtnau. Am **Abzweig** ❺ nach 2 km links abbiegen Richtung Hofsgrund/Halde auf die verkehrsärmere Bergabstrecke Richtung Oberried.

10 km
13 km In steiler Abfahrt geht es nach und durch **Hofsgrund.** Nach weiteren 3 km Abfahrt gelangt man an eine **Straßengabelung** ❻. Man biegt links ab, nach 300 m liegt auf der linken Seite der Bergwildpark Steinwasen.

Der **Bergwildpark Steinwasen** ❼ bietet Ausflüglern und Kaffeefahrt-Gruppen Wildpark, Sommerrodelbahnen und Gasthof.

Ein breiter, gut begehbarer Rundweg von ca. 3 km Länge führt durch das Berggelände des Wildparks; bei schönen Ausblicken auf den Schwarzwald führt der Pfad zu Hirschen, Gemsen, Mufflons, Füchsen, Luchsen … und am Eingang zu einem See mit vielerlei Fischen.

Die beiden Sommerrodelbahnen sind je 800 m lang und garantieren bei einem Höhenunterschied von 110 m rasante Abfahrten, aber auch familienfreundliches Rodeln ist möglich.

Der Panorama-Gasthof mit Spielplatz bietet einen schönen Ausblick auf den Park und in das St. Wilhelmer Tal.

Zur Zeit entstehen mit hohem Bau-Aufwand zusätzlich ein Heimat- und Wildmuseum sowie unterirdische Grottenbahnen.

Vom Bergwildpark geht es in rascher Abfahrt talwärts durch Hintertal nach **Oberried** ❽. Hier am Ortseingang rechts und sofort wieder links *(Hauptstraße)* geht es leicht abwärts durch den Ort, vorbei an Kirche, Gasthaus Sternen (mit Gartenwirtschaft) und Post, an der Abzweigung beim Gasthaus „Hirschen" geradeaus, ab hier auf dem Radweg zur Landstraße. Rechts herum an den Fußball-plätzen vorbei auf dem Radweg nach **Kirchzarten** ❾.

19 km

22 km

Kirchzarten (9.400 Einwohner, 326–920 m ü.d.M.) ist das Zentrum des Dreisamtals und wird umringt von den höchsten Bergen des Schwarzwalds Feldberg, Schauinsland und Kandel.

Sehenswert sind die keltische Volksburg Tarodunum, die St.-Gallus-Pfarrkirche, die Talvogtei in der Alten Wasserburg, das einstige Wasserschloß Bickenreute, die Kienzlerschmiede, das Kloster der Karmeliterinnen sowie das Kurgelände.

Zur Erfrischung und Abkühlung an heißen Tagen empfiehlt sich ein Abstecher ins schöne Schwimmbad mit vier beheizten Becken, direkt neben dem Kurhaus. Minigolf, Rasenschach, Spielplatz, Gastronomie und eine große Liegewiese runden das Angebot dieses beliebten Freizeitbades ab, (geöffnet 15. Mai – 15. Sept. 9–19 Uhr, Dietenbacher Straße 15, Tel. 0 76 61 / 3 93 - 73).

Einkehr: Wer ein traditionsreiches uriges Dorfgasthaus sucht, wird sich in der „Krone" wohlfühlen. Es gibt sie seit über 250 Jahren, vor 25 Jahren übernahmen Rombachs das Zepter und servieren haupt-sächlich deftige, kräftigende Gerichte zu sehr angenehmen Preisen. Bei Ausflüglern besonders beliebt auch die Vollwertgerichte, anson-sten Forelle blau und vor allem die Kalbsbratwürste; Hauptstraße 44, Tel. 0 76 61 / 42 15; warme Küche tägl. 12–14 und 17–22 Uhr; Mi + Do ab 17 Uhr geschlossen.

Info: Verkehrsamt Kirchzarten, Hauptstraße 24, 79199 Kirchzarten, Tel. 0 76 61 / 3 93 - 9, Fax - 45; www.dreisamtal.de

Von Kirchzarten aus auf den **Giersberg** zu pilgern lohnt sich drei-fach: erstens wegen der 250 Jahre alten St.-Laurentius-Kapelle, zwei-tens wegen der fantastischen Aussicht über Dreisamtal und Kirch-zarten und drittens wegen der Pilgerstube mit anspruchsvoller Küche und sehr anregender Atmosphäre. Besonders attraktiv: ein Viertele auf der Terrasse trinken und dem Sonnenuntergang über den Vogesen zuschauen – für die Rückfahrt nach Freiburg reicht es danach immer noch. Silberbrunnenstraße 11, Tel. 0 76 61 / 53 98, geöffnet: tägl. 11–22 Uhr, Fr erst ab 15 Uhr, Mi nur bis 18 Uhr, Do Ruhetag.

Von der Landstraße geht es rechts herum in den Ort Kirchzarten hinein, am Stadion vorbei ins Zentrum bis ans Ende des Radweges. An der Ampel vor den Schienen links auf den schmalen Weg am Bach entlang Richtung Kurhaus, am Schwimmbad vorbei, dann nach rechts auf die *Dietenbacher Straße*. Am Ende der Straße links ortsauswärts (nach 50 m: Radweg auf der linken Seite), dem Radweg durch die kleine Unterführung folgen, 50 m hinter der Unterführung an der doppelten Wegekreuzung mehr oder weniger geradeaus (erst rechts, sofort wieder links) auf den Berg zu (Beschilderung „Dreisamtal-Radwanderweg") Richtung Freiburg.

25 km Auf der schönen Nebenstraße zwischen Waldrand und Brugga entlang geht es am Schütterlehof links herum bis nach **Neuhäuser** ⑩ (*Neuhäuser Straße*). Hier rechts herum, über den Bach auf die L 126 und sofort wieder links über die Bahnschienen. Hinter den Schienen sofort links herum auf den Schotterweg an der Bahnstrecke entlang. Nach ca. 1 km überquert man eine kleine Brücke und durchfährt ein kleines Wäldchen (so es nicht inzwischen dem Bau der gigantischen B 31 geopfert wurde). Wiederum über eine kleine Brücke gelangt man auf den Schotterweg an der Dreisam entlang, auf dem man bis nach Freiburg fahren kann.

31 km Auf halber Strecke nach Freiburg erreicht man am immer belebter werdenden Fluß, der hier im Sommer von vielen Badefreunden und Sonnenanbetern gesäumt wird, den Stadtteil **Ebnet** ⑪; über die erste Brücke gelangt man rechts herum zum sehenswerten Schloß; von dort an der Mehrzweckhalle vorbei wieder zurück zur Dreisam.

Schloß Ebnet ist sicherlich eine der schönsten Barockanlagen des Breisgaus. Nach den Plänen von Christian Wentzinger und Joh. Jakob Fechter ließen die Herren von Sickingen 1749–51 am Waldrand nahe der Dreisam das Schloß erbauen. Imposant sind der Treppenhausvorbau und die Freitreppe auf der Gartenseite. Bleibt die Innenansicht (Besichtigung leider nicht möglich) auch verborgen, so entschädigt der Park mit den „Vier Jahreszeiten", (Kopien der) Steinfiguren von Wentzinger, ein wenig. Der Gartensaal dient als schöne Kulisse für Schloßkonzerte (Info: Buchhandlung Walthari, Tel. 0761 / 3 87 77 18).

Durch die Unterführung unter der meist verstopften Schwarzwaldstraße passiert man nun das große Strandbad, Kleingarten-Anlagen, das bekannte Dreisam-Stadion und ausgedehnte Sportanlagen. Nach Überquerung des Sandfangweges geht es unter Bäumen auf dem belebten *Fritz-Horch-Weg* an der Musikhochschule vorbei immer geradeaus auf den Radweg auf der rechten Seite der *Hindenburgstraße.* Diesem immer weiter folgen, am Gebäude des Haufe-Verlages vorbei, bis zur Ganter-Brauerei. Man überquert die Fabrikstraße, fährt weiter auf dem separaten Radweg direkt an der Dreisam entlang.

Durch Freiburgs wohl kleinsten „Tunnel" am Flußufer weiter geradeaus, geht es an der dann folgenden zweiten Brücke links hoch zur **St.-Johannes-Kirche**.

34 km

Nach Breisach und zurück
Über den Tuniberg zu Kaiserstuhl und Rhein

Diese Tour führt den Radler aus Freiburg zunächst zum Tuniberg und von dort aus am südlichen Rand des Kaiserstuhls nach Breisach. Die alte Grenzstadt lädt mit mancherlei Sehenswertem zum Aufenthalt ein.

Allerdings sind die Verlockungen an der Strecke auch nicht gering. Gasthöfe und Kunstschätze locken in Merdingen und Opfingen, die Weine von Tuniberg und Kaiserstuhl senden ihren guten Ruf in die Lande, und so manche Straußwirtschaft am Wege lädt zur herzhaften Vesper und/oder zu einem Viertele hausgemachten Weins oder Obstsafts.

Die Fahrt führt durch Felder und Reben. Sonnenblumen und üppige Obstgärten in den Ebenen sind eine Freude für die Sinne.

Start und Ziel:	*Freiburg-St. Georgen, Kirche St. Georg*
Streckenlänge:	*48 km*
Charakter:	*Überwiegend asphaltierte Wege auf Radwegen, Nebenstrecken und Landwirtschaftswegen durch Felder und Reben, ohne oder mit wenig Autoverkehr; einige geschotterte, gut befahrbare Waldwege.*
Wegweisung:	*Südlicher Teil des Breisgau-Radrundweges; ab Merdingen nahezu durchgehend „Kaiserstuhl-Radwanderweg" bis Breisach.*
Verkehrsverbindungen:	*Freiburg–Breisach–Freiburg DB 729/Breisgau S-Bahn. Von Freiburg fährt der SBG-Bus Linie 7211 über Gottenheim, Ihringen nach Breisach. Ab Freiburg, Munzinger Straße, VAG Buslinie 33 und 35 über Tiengen bis Munzingen; R.A.S.T. 241 bis Munzingen.*
Verknüpfungs-möglichkeiten:	*Ab Breisach beginnen Tour 13/Kaiserstuhl und Tour 6/Colmar; ab Munzingen beginnt Tour 10/Tuniberg und ab Niederrimsingen Tour 4/Bad Krozingen.*

Die Tour auf einen Blick

Nr.	km	Beschreibung
		Von der **Kirche St. Georgen** aus Radweg Richtung Tiengen, rechts durch den Wald,
1	4	an den **Schlatthöfen** vorbei, an der Landstraße entlang nach
2	9	**Opfingen.** Am Rathaus vorbei geradeaus bergan
3	11	über den Dürleberg nach **Wippertskirch,** dort links auf der Landstraße
4	13	nach **Merdingen.** Von hier durch Sonnenblumen- und Obstfelder
5	17	nach **Ihringen**, durch den Ort, auf schönen Radwegen
6	23	nach **Breisach.**
7	25	Rückweg: Hinter dem Bahnhof her, parallel zur B 31, über **Hochstetten**
8	28	nach **Gündlingen.** Hier K 4979 Richtung Merdingen, am Maxit-Werk rechts ab,
9	34	die K 4931 über **Niederrimsingen**
10	35	nach **Oberrimsingen.**
11	38	Hier links, ab Ortsausgang Radweg über **Munzingen**
12	42	nach **Tiengen**, ab hier an der B 31 entlang
	48	nach **Freiburg-St. Georgen,** Kirche.

Start ist an der **Kirche in Freiburg-St. Georgen** (dorthin stadtauswärts z. B. den Radweg an der *Basler-/Basler Landstraße* entlang nutzen, am Gewerbegebiet Haid/real-Markt *Besançonallee* links nach St. Georgen, *Basler Landstraße* rechts zur Kirche St. Georg).

Von der Kirche aus der *Basler Landstraße* und dann rechts der *Tiengener Straße* folgen, rechts auf den Radweg Richtung Tiengen/Breisach. Am Friedhof vorbei, über die Landstraße B 3/31 hinweg (nach der Überführung in der Abfahrt rechts, durch die Unterführung, dann direkt links), Radweg parallel zur B 31.

Rechts in den Arlesheimer Wald (dem Schild „Weingut/Strauße Schlatthof" folgend). An den **Schlatthöfen** ❶ vorbei am Waldrand links, nach 100 m rechts Waldweg bis zur Landstraße. Links den Radweg über die Autobahn hinweg nach **Opfingen** ❷ nehmen.

4 km

9 km

Erste urkundliche Erwähnung fand **Opfingen** im Jahr 1006. Eine Schenkungsurkunde Heinrichs II. für das Domstift Basel überliefert den Namen „Ophinga". Durch die erhöhte Lage sichtbarer Orts-mittelpunkt ist die evangelische Stadtkirche, 1525 gegründet. Sie wurde 1777 abgerissen und im Folgejahr neu errichtet, der Unter-bau des alten Turmes wurde in den Neubau einbezogen. Seit der Renovierung 1965–67 zeigt sich die Kirche wieder in alter Schön-heit, besonders die Orgel von 1781.

Der Ortskern Opfingens ist geprägt von historischen Gebäuden. Das 1788–91 entstandene Gemeindehaus beherbergt heute die Ortsverwaltung. Weiterhin sehenswert: das alte Pfarrhaus (16. Jh.) mit seiner Giebellaube, das neuere Pfarrhaus (1764) gegenüber, die Gasthäuser „Blume" und „Tanne" aus dem 18. Jh. Beide Gasthäuser können zur Einkehr empfohlen werden. Besonders nett sind die Hofwirtschaft hinter der „Blume" und wenige Meter weiter auf der Hauptstraße die ökologische Straußwirtschaft „Sonnenbrunnen" (Unterdorf 30).

In Opfingen am Ende der *Freiburger Straße* am Rathaus links, dann am Gasthaus „Zur Tanne" sofort wieder rechts Richtung Merdingen, nach 100 m rechts in den *Georg-Marcus-Weg.* Über den Dürleberg geht es durch Reben und Obstfelder (rechts schöner Schwarzwaldblick) bergab nach **Wippertskirch** ❸. Hier links abbiegen, auf der Landstraße über eine Tuniberg-Höhe nach **Merdingen** ❹ (steile Abfahrt in den Ort).

11 km
13 km

In **Merdingen**, der Wahlheimat des Tour-de-France-Helden Jan Ullrich, gibt es reiche Bodenfunde bereits aus der Jungsteinzeit sowie Fundamente römischer Gasthöfe aus dem 1. und 2. Jh. Im Freiburger Museum für Ur- und Frühgeschichte ist u.a. eine Goldfibel ausgestellt, die aus Merdingen stammt, eine Grabbeigabe von einem der großen Alemannenfriedhöfe. Einmalig für den Breisgau sind die Reste eines frühmittelalterlichen Dorfes in der Gemarkung Merdingen.

Im 18. Jh. scheint Merdingen eines der größten Breisgaudörfer gewesen zu sein, wovon viele Gebäude und Kunstwerke zeugen. 1738–41 wurde die spätbarocke Pfarrkirche von Joh. Kasper Bagnato errichtet, eine der kunstgeschichtlich bedeutsamsten Kirchen des Breisgaus mit Altären und Kanzeln von Joseph Anton Feuchtmayer und einem der schönsten Marienbildnisse des Südwestens über dem Kirchenportal.

Um den kleinen Dorfplatz mit dem barocken Stockbrunnen (1739) gruppieren sich malerisch das spätgotische Landgasthaus „Zum Pfauen" mit Erkertürmchen und Hofeinfahrt aus dem 18. Jh., das alte Schulhaus (1910), das ehemalige Gasthaus „Zum Pflug" und das barocke Gasthaus „Zur Sonne", Geburtshaus des Barockbildhauers Johann Baptist Sellinger (1714–79).

Das „Haus Saladin" von 1666 in der Langgasse gilt bei Kunsthistorikern als das schönste Tuniberg-Fachwerkhaus.

Info: Bürgermeisteramt, Kirchgasse 2, 79291 Merdingen, Tel. 0 76 68 / 2 12, Fax 9 42 59

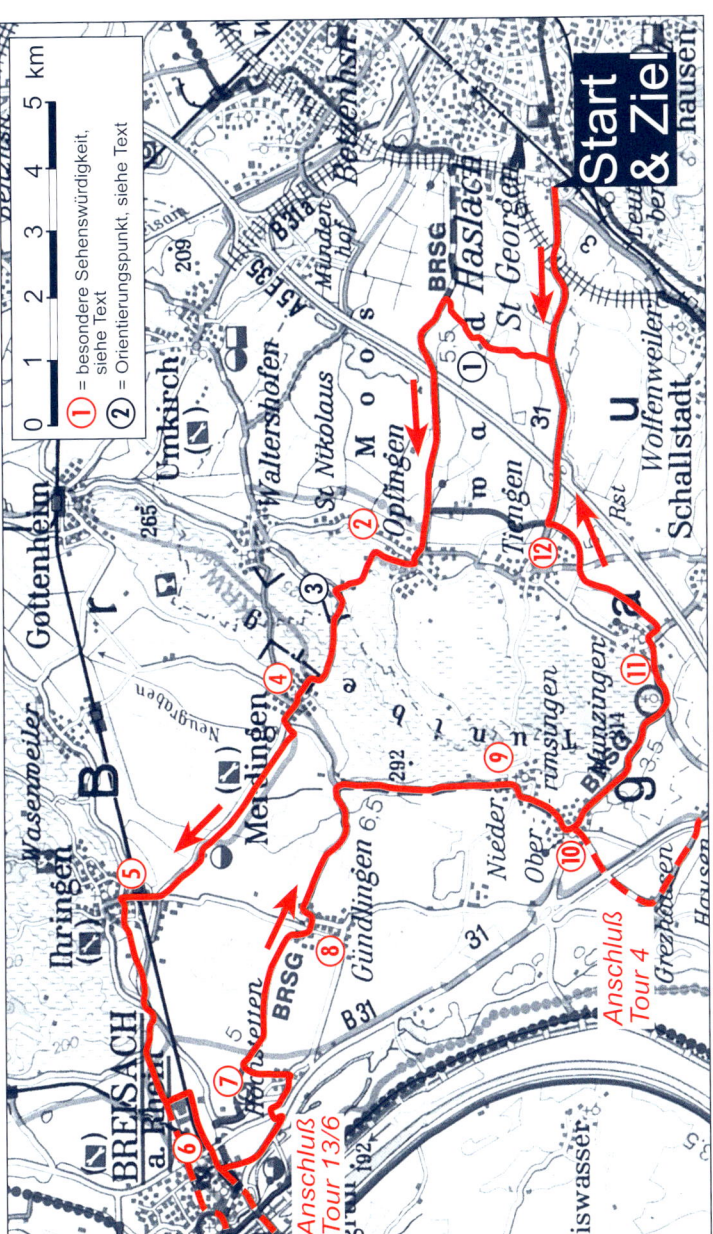

Ab Merdingen der Beschilderung „Kaiserstuhl-Radwander-weg" folgend geradeaus durch die *Langgasse* zum Ortsende, im Kreisverkehr auf den Radweg links wechseln, durch Sonnenblu-men- und Obstfelder nach **Ihringen ❺**.

17 km

Ihringen gilt als der wärmste Ort Deutschlands und ist eine der größten deutschen Weinbaugemeinden. Eines der Wahrzeichen ist der Stockbrunnen (vor der Sparkasse) aus dem Jahre 1740 mit Wasser aus dem Vulkangestein. Folgt man der Hauptstraße weiter, fällt die Häuserfront auf, die durch große Torbögen aus dem 18. und 19. Jh. gegliedert ist, mit oft großartigen Einblicken in Höfe und Anwesen.

Kellereibesichtigung mit Weinprobe bei der Winzer-Genossenschaft Ihringen freitags um 10 Uhr, Tel. 0 76 68 / 9 03 60.

Info: Fremdenverkehrsbüro, Bachenstraße 42, 79241 Ihringen, Tel. 0 76 68 / 93 43, Fax 96 90 20 und 71 08 50

Rechts herum führt die Hauptstraße nach Ihringen hinein, nach 600 m geht es links *(Poststraße)* ortsauswärts durch Obst- und Maisfelder auf dem Radweg Richtung Breisach. Hier hinter dem „Badischen Winzerkeller" vor der Überführung links *(Im Gelbstein,* später *Bahnhofstraße)* zum **Bahnhof Breisach.**

23 km

(Von hier geradeaus bis zum Kreisverkehr, rechts abbiegen ins Zen-trum/zum Marktplatz, hier Rad abstellen zum Stadtrundgang.)

40 Meter hoch ragt ein Basaltfelsen aus der Rheinebene auf, Keim-zelle der sehenswerten Stadt **Breisach ❻**. Bereits um 1200 v. Chr. gab es hier eine größere Siedlung aus der Urnenfelderzeit. Nach den Kelten erkannten im 4. Jh. n. Chr. auch die Römer die günstige Lage und errichteten ein Kastell; Teile der Mauer sind am Hotel am Münster zu sehen.

Wechselnde Herren aus Schwaben, Basel, Staufen, Zähringen, Habs-burg, Burgund, Sachsen, Frankreich und Baden beherrschten die wechselvolle Geschichte der Stadt und hinterließen architektonische Spuren. Schleifung, Verwüstungen und Kriege zerstörten allerdings erhebliche Teile der historischen Bausubstanz.

Schon aus der Ferne als Highlight auszumachen ist das Breisacher St.-Stephans-Münster. Dieser mächtige Bau überragt die Häuser der Altstadt und die Rheinebene (Führungen für Gruppen nach Ver-

Breisach: Blick vom Markt auf das Münster (Tour 3)

Das Rheintor (ca. 1675) in Breisach (Tour 3)

Bad Krozingen: Blick vom Markt auf das Rathaus (Tour 4)

einbarung mit dem Pfarramt Tel. 0 76 67 / 2 03, für Individualgäste gemäß Veranstaltungskalender). Romanische und gotische Elemente prägen das Bauwerk, das im ausgehenden 12. Jh. begonnen und im späten 15. Jh. vollendet worden sein dürfte. Zu den zahlreichen Kunstschätzen des Münsters gehören die Wandmalereien Jüngstes Gericht (1488–91) von Martin Schongauer, der Lettner mit spätgotischer Steinmetzkunst, einer der schönsten Schnitzaltäre Deutschlands, der silberne Reliqienschrein der beiden Stadtpatrone, das Sakramenthaus und die reich verzierte Renaissancekanzel.

Außerdem in Breisach sehenswert: das Heilig-Geist-Spital am Fuße des Eckartsberges mit barocker Spital-Kirche, die Friedhofskapelle St. Joseph (1648/1817) an der Kupfertorstraße, das Portal „Zum Sternen" sowie Gutgesellen- und Phlegelertor beim Aufgang auf den Münsterberg und das Rheintor, heute Museum für Stadtgeschichte (Stadtführung wird angeboten).

Kellereibesichtigung in der Gräfl. von Kageneck'schen Wein- und Sektkellerei donnerstags um 10 Uhr (Tel. 0 76 67 / 9 01 13); bei Deutz & Geldermann nach Voranmeldung sechsmal täglich (Tel. 0 76 67 / 83 40).

Info: Städtisches Verkehrsamt, Marktplatz 9, 79206 Breisach,
Tel. 0 76 67 / 94 01 55, Fax 94 01 58,
Internet: http://www.breisach.de; e-mail: info@breisach.de

Der Rückweg per Rad beginnt hinter dem Bahnhof; dorthin gelangt man vom Marktplatz zurück zum Kreisverkehr und zweimal links. Ab hier kann man der Beschilderung des Breisgau-Radwanderweges folgen. Dieser führt am Edeka-Markt rechts ab *(Murhan)* durch ein kleines Gewerbegebiet und dann parallel zur B 31 nach **Hochstetten** ❼ *(Hochstetter Straße).*   *25 km*

In **Hochstetten** befand sich früher ein Handelsplatz von einiger Bedeutung; es gibt zahlreiche Funde von Amphoren aus Italien und Spanien. Das Siedlungsgelände lag damals an einem Seitenarm des Rheins, war also per Schiff zu erreichen. Die Verenen-Kapelle stammt in ihrer heutigen Form aus dem 19. Jh., auch wenn sie bereits 1146 erwähnt wurde.

Rechts herum geht es in den Ort, links in den *Kirchweg,* an der Kirche vorbei durch die Felder nach **Gündlingen** ❽   *28 km* *(Im Härdle).*

Für **Gündlingen** bezeugen archäologische Funde Besiedelung seit über 6.000 Jahren, die „älteste Saatmais anbauende Gemeinde Deutschlands" (seit dem 16. Jh.) findet erstmals urkundliche Erwähnung im Jahr 855.

Die St.-Michaels-Kirche wurde von 1881 bis 1883 um- und teils neugebaut und ist mit Elementen neugotischen und neubarocken Stils ausgestattet. Geschichtsträchtiger ist allerdings der „Salzhof" mit den Resten einer Wasserburg. Aus dem 19. Jh. stammen die Wegkapellen St. Anna und St. Fridolin, hier findet man einen Renaissance-Altar.

Rechts in die Hauptstraße *(Ihringer Straße)* abbiegen, an der schmucken Kirche links, in der Rechtskurve am Rathaus geradeaus *(Salzhofstraße)* auf die *K 4979*.

34 km   Am unübersehbaren Maxit-Werk rechts abbiegen in die *K 4931* nach **Niederrimsingen** **9** *(Merdinger Straße)*.

Die Geschichte der kleinsten Tunibergemeinde **Niederrimsingen** wurde bis ins 19. Jh. von der Herrschaft Breisachs, zu der sie seit 1422 gehörte, und von der Zugehörigkeit zu Vorderösterreich bestimmt.

Der Turm der Pfarrkirche St. Laurentius gehört mit seinen beiden Arkaden geschlossen in die Mitte des 11. Jh., die Kirche ist also eine der ältesten am Oberrhein. Ein Dorfbrand führte zwischen 1480 und 1500 zur Errichtung einer gotischen Kirche mit Chor und Langhaus; 1735 wurde das Langhaus dem barocken Geschmack angepaßt. 1888/89 entfernte man den barocken Hochaltar und ersetzte ihn durch einen „neugotischen". Nach dem Zweiten Weltkrieg wurden Bilder der Freiburger Maler Walter Meyer-Speer (1950) und Ernst Riess (1955) der Ausstattung hinzugefügt. Von 1982 bis 1984 wurden die Kirche grundlegend erneuert, das Langhaus um sechs Meter verlängert und eine Orgelempore eingebaut.

Schräg links in den Ort hinein, am Rathaus geradeaus *(Kirchstraße)*, dann rechts in die Tunibergstraße und wieder links *35 km*   *(Großgasse)* nach **Oberrimsingen** **10**.

Bodenfunde weisen auf eine Besiedelung von **Oberrimsingen** in der Jungsteinzeit hin, Rentierjäger bewohnten vor über 10.000 Jahren die Lößhöhlen unterhalb der Erentrudiskapelle. Erstmalig urkundlich erwähnt wird der Ort 891 im Urkundenbuch des Klosters Lorsch.

Am westlichen Ortsrand (kurzer Abstecher nach rechts) liegt das Schloß, 1773 durch die Freiherrn von Falkenstein errichtet, von F. A. Bagnato als eleganter frühklassizistischer Herrensitz angelegt.

Die gesamte Schloßanlage, zu der noch Herren-, Verwalterhaus, hufeisenförmig angelegte Wirtschaftsgebäude und ein Park zählen, bietet den seltenen Fall eines in sich geschlossenen Schloßensembles.

Im Jahre 1737 wurde die Pfarrkiche „Unserer Lieben Frau" errichtet, indem man den alten romanischen Turm mit einbezog. Beim Umbau im Jahre 1906 (seit 1835 geplant) ging die barocke Ausstattung größtenteils verloren.

An der Straßengabelung nach links auf die B 31 abbiegen. Am Ortsausgang beginnt nun ein bis Freiburg durchgehender Radweg an der B 31 entlang, zunächst nach **Munzingen** ⑪.

38 km

In **Munzingen**, dem südlichsten Freiburger Vorort, finden sich Reste von gleich drei Herrensitzen. Von der einstigen Wasserburg haben die Schweden 1632 nicht viel übriggelassen. Der Gigili-Rundturm mitten im Dorf auf der Hauptstraße ist der klägliche Rest. Anders steht es mit dem Schloß am Berghang, dem größten ländlichen Herrenhaus des Breisgaus, das 1672 für den vorderösterreichischen Freiherrn von Kageneck im Renaissance-Stil erbaut wurde (Rokoko-Umgestaltung 1745) und noch heute bewohnt wird. Schmuckstück ist die Schloßkapelle mit einem 1760 entstandenen Altar mit Stuckmarmor. Zwar darf man dieses Kleinod am Tuniberg nur von außen bewundern (samt Hof mit seinen steinernen Gnomen), doch die im Rokoko-Stil erneuerte Fassade läßt auf die gehobene Inneneinrichtung schließen. Eine Inschrift über dem Hofportal erinnert an eine kurze Residenzzeit von Frankreichs König Ludwig XV. hier im Jahre 1744.

Auch Schloß Reinach an der Erentrudisstraße wurde im 16. Jh. von der Familie Kageneck als Gutshof erbaut. Heute ist hier ein gehobenes Restaurant untergebracht, außerdem eine Weinschänke und ein modernes Hotel (Restaurant Schloß Reinach, Tel. 0 76 64 / 4 07 - 2 50, tägl. 12–14, 18–22 Uhr, So nur 12–14 Uhr; Schloßwirtschaft tägl. 16–1 Uhr).

Hinter dem Rundturm an der Hauptstraße findet sich eine der ältesten Pfarrkirchen des Breisgaus, die Kirche des Hl. Stephanus. 1619 wurde der spätgotische Turm (heute auch Heimat einer Storchenfamilie) wiederaufgebaut. Daneben liegt eine Saalkirche, deren Chor von 1590 stammt und nach dem 30jährigen Krieg und 1730 renoviert wurde. Das Langhaus wurde 1747 vergrößert und 1804 verlängert; an der Ausschmückung beteiligten sich namhafte Künstler und Handwerker.

Außerdem nach kurzem Abstecher bergauf sehenswert: die Erentrudiskapelle (Näheres siehe Tour 10/S. 120).

In Munzingen biegt man am Ortseingang rechts, dann links ab *(Alter Weg;* von hier geht es rechts ab zur Strauße „Kapellenblick", die in Frühjahr und Spätsommer unbedingt einen Abstecher lohnt) in eine Art Radumgehung des engen Ortskerns.

Am Wegekreuz links abbiegen *(Romanstraße),* direkt wieder rechts in die *Reinachstraße,* die in den schönen Radweg durch die Felder nach

42 km **Tiengen** ⑫ übergeht.

Im Jahr 888 wurde der Ort **Tiengen**, dessen Geschichte bis in die Jungsteinzeit zurückverfolgt werden kann, erstmals urkundlich erwähnt.

Sehenswert ist die evangelische Pfarrkirche. Der Unterbau des Turmes und der Chor stammen aus dem Jahr 1576, Rundfenster und Glockengeschoß wurden von 1749–51 neu erbaut. 1785 bekam der Turm eine barocke Kuppel, die 1884 durch die heutige Pyramidenform ersetzt wurde.

1777/78 wurde das repräsentative Pfarrhaus errichtet. Darüber hinaus finden sich in Tiengen neben einigen alten Fachwerkhäusern auch bemerkenswerte Steinhäuser (z. B. an der großen Kreuzung), einige davon sind spätgotisch. Die beiden Staffelgiebelhäuser und die 1581 erbaute „Gemeindestube" sind Beispiele für Häuser aus dem 16. Jh.

Der weitere Weg führt im Bogen rechts an Tiengen vorbei und endet an der B 31. Diese überqueren und auf dem Radweg auf der anderen Straßenseite rechts herum, an der Bundesstraße entlang, durch die Unterführung und über die Überführung

48 km zurück nach St. Georgen, **St. Georgs-Kirche**.

Zwischen Tuniberg und Bad Krozingen
Kleine Dörfer mit Vergangenheit

Vor dem Radler liegt eine interessante Rundfahrt durch den Freiburger Südwesten auf ausschließlich flacher asphaltierter Strecke, abgesehen vom – freiwilligen – Abstecher zur Erentrudiskapelle oberhalb von Munzingen mit ihrem großartigen Ausblick in die Rheinebene und auf die Vogesen.

Der Weg führt auf Radwegen und wenig befahrenen Nebenstraßen durch eher unbekannte Dörfer zwischen Tuniberg, Bad Krozingen und Batzenberg, die aber außer schönen Wegen durchaus Sehenswertes bieten. Der Radler mag sich sein Pausen-Programm selbst zusammenstellen, je nachdem, ob ihm der Sinn eher nach kleinen ruhigen Dörfern oder mehr nach touristisch erschlosseneren Flecken wie Munzingen oder Bad Krozingen steht.

Vom Tuniberg auf Bad Krozingen fahrend, sieht man da und dort Drahthochbehälter mit Maiskolben. Hier ist ein Schwerpunkt des oberrheinischen Saatmaisanbaus; rund 70% der Ackerfläche entfallen auf den Körner- bzw. Saatmais. In Südbaden werden 95% des deutschen Saatmaises erzeugt.

Start und Ziel:	*St.-Georgs-Kirche in Freiburg-St. Georgen*
Streckenlänge:	*45 km*
Charakter:	*Ausschließlich flache Strecke auf asphaltierten Radwegen, ruhigen Nebenstrecken und Wirtschaftswegen.*
Wegweisung:	*Kurze Teilstücke Breisgau- und Markgräfler Radwanderweg, Bad Krozinger Radweg 8 b.*
Verkehrsverbindungen:	*Freiburg – Tiengen – Munzingen mit VAG Linien 33 und 35; SBG 1076 nach Breisach; nach Bad Krozingen DB 702, SBG 7208, 7240, 7241 von Freiburg aus; SWEG Bus oder Bahn 113; R.A.S.T. 241, 241 (außer So), 249; SBG 1072.*
Verknüpfungsmöglichkeiten:	*Tour 10/Tuniberg-Reben-Tour; Tour 7/Markgräflerland/Staufen.*

Die Tour auf einen Blick

Nr.	km	Beschreibung
		Von der **Kirche in St. Georgen** auf dem Radweg
1	6	nach **Tiengen,** durch den Ort,
2	8	auf dem Radweg nach **Munzingen.** Hier Abstecher zur Erentrudiskapelle. Retour zur Landstraße, links Richtung Breisach,
3	13	**am Golfplatz rechts** durch die Felder nach
4	15	**Niederrimsingen.** Geradeaus in den Ort, am Rathaus links, Landstraße links,
5	16	durch **Oberrimsingen** nach
6	18	**Grezhausen.** Links an der Möhlin entlang, über die Landstraße nach
7	20	**Hausen.** Im Ort an der großen Kreuzung rechts, unter der Autobahn entlang nach
8	23	**Feldkirch.** Um das Schloß herum, auf dem Radweg nach
9	25	**Schlatt.** Im Ort rechts, geradeaus bis zur Kirche, links zur Landstraße nach
10	28	**Bad Krozingen.** Hier durch den Kurpark, am Bahnhof vorbei nach
11	31	**Offnadingen.** Geradeaus durch den Ort, rechts durch die Felder über
12	33	**Norsingen**
13	35	nach **Mengen.** Durch den Ort, am außerhalb liegenden Friedhof vorbei,
14	37,5	an der **Wegekreuzung** rechts nach
15	39,5	**Schallstadt.** Radweg durch die Felder zurück nach
	45	**Freiburg-St. Georgen.**

Start an der **Kirche in Freiburg-St. Georgen** (dorthin z. B. den Radweg an der *Basler-/Basler Landstraße* entlang nutzen, am Gewerbegebiet Haid/real-Markt *Besançonallee* links nach St. Georgen, *Basler Landstraße* rechts zur Kirche St. Georg).

Von der Kirche aus der *Basler Landstraße* und dann rechts der *Tiengener Straße* folgen, rechts auf den Radweg Richtung Tiengen/Breisach. Am Friedhof vorbei, über die Landstraße B 3/31 hinweg (nach der Überführung in der Abfahrt rechts, durch die Unterführung, sofort links herum) auf den Radweg an der B 31 entlang, über die Autobahnbrücke nach **Tiengen** ❶.

6 km

Im Ort **Tiengen** sehenswert sind u. a. die evangelische Pfarrkirche, das Pfarrhaus, die beiden Staffelgiebelhäuser und die 1581 erbaute „Gemeindestube" (s. S. 58).

8 km

Ab der Tuniberg-Halle schmale, verkehrsreiche Ortsdurchfahrt *(Freiburger Landstraße)*, am Ortsausgang links *(Hinter den Gärten)* auf den Radweg durch die Maisfelder nach **Munzingen** ❷.

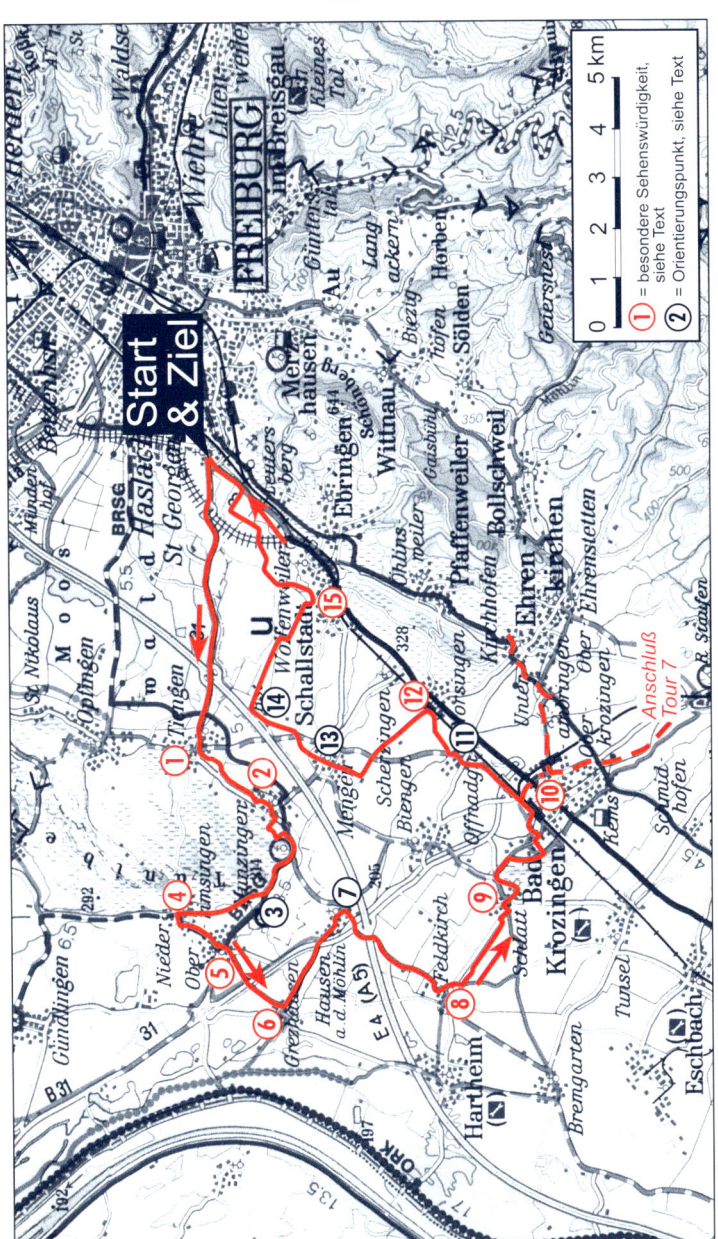

In **Munzingen**, dem südlichsten Freiburger Vorort, finden sich u.a.
Reste von gleich drei Herrensitzen (s. S. 57 f.).

Fahrt durch den Ort (St.-Erentrudis-Straße) bis zum Turm des
ehemaligen Wasserschlosses/Kirche, hier am Parkplatz rechts
den Berg hinauf fahren (Schloßbuck). Am Schloß vorbei den Berg
hinauf zur Erentrudiskapelle: an der Gabelung rechts (dem Radweg
R 8b, dem Wanderschild „Gelber Punkt"/„F2" folgen), dann links
den Berg hinauf, den provisorischen Schildern nach mit kräftigem
10 km Pedaltreten hinauf zur **Erentrudiskapelle.**

Einer der schönsten Aussichtspunkte des Breisgaus ist die **Erentrudiskapelle** hoch über der Ebene (s. S. 120).

Von der Kapelle aus rollt das Fahrrad bergab zurück bis zur
Wegekreuzung, hier geht es rechts zurück Richtung Munzingen,
11 km an den Neubauten rechts hinunter zu Bushaltestelle und Parkplatz.

13 km Auf der gegenüberliegenden Seite auf dem Radweg rechts herum
Richtung Breisach, **am Golfplatz ❸** entlang. Ca. 1800 m hinter
Munzingen (vor der neuen Kapelle, unmittelbar nach dem Berghang) auf der rechten Seite der B 31 rechts in den asphaltierten Weg
durch die Felder.

15 km An der Wegekreuzung geradeaus, an den Sportplätzen vorbei nach
Niederrimsingen ❹ (Kirchstraße).

Die Geschichte der kleinsten Tuniberggemeinde **Niederrimsingen**
wurde bis ins 19. Jh. von der Herrschaft Breisachs, zu der sie seit
1422 gehörte, und von der Zugehörigkeit zu Vorderösterreich bestimmt, sehenswert die Pfarrkirche (s. S. 56).

In Niederrimsingen geradeaus bis zum Rathaus. Hier links in
die Rathausstraße, an deren Ende (Ortsausgang) links (Ober-
16 km rimsinger Straße) nach **Oberrimsingen ❺**.

Bodenfunde weisen auf eine Besiedelung von **Oberrimsingen** in
der Jungsteinzeit hin (s. S. 56 f.)

Am Ende der Straße links (Bundesstraße/B 31), nach 100 m
rechts (Grezhauser Straße), dann nach 200 m wieder rechts auf
18 km schöner Nebenstrecke durch Gemüsefelder nach **Grezhausen ❻**
(Möhlinstraße).

Das Dörfchen **Grezhausen** gehörte bis 1906 zum Kloster Günterstal (Grundherrschaft). Der klösterliche Wirtschaftshof, an den die Naturalabgaben der Untertanen zu entrichten waren, wurde schon im 16. Jh. in vier Klosterhöfe aufgeteilt und 1816 nach der Aufhebung des Klosters an die Bewohner verkauft. Dargestellt sind diese vier Meierhöfe in der Bernharduskirche aus dem 15. Jh. (geweiht 1503).

Im Ort sind außerdem ein alter Gefängnisturm, ein Taubenturm (1754) und Reste der alten Dorfmauer zu sehen.

An der Dorfkreuzung links *(Hauser Weg)* an Gehöftmauer und Möhlin entlang, über die Landstraße nach **Hausen** ❼. Auf der *Falkensteiner Straße* durch den Ort, an der großen Kreuzung rechts abbiegen *(Tunibergstraße),* wieder über die Landstraße, unter der Autobahn hindurch auf schöner Nebenstrecke nach **Feldkirch** ❽ *(Schloßstraße).*

20 km

23 km

Das Dorf **Feldkirch** entstand im frühen Hochmittelalter um die anfänglich auf dem freien Feld (daher der Ortsname) zwischen Hartheim und Hausen stehende Martinskirche herum, nach dem Patrozinium eine fränkische Gründung. Das reichsritterschaftliche Dorf im Besitz der Herren von Wessenberg wurde erst 1806 badisch (Schloß erstmals im 15. Jh. erwähnt; Privatbesitz).

Auf der Hauptstraße links um das Schloß herum Richtung Bad Krozingen, nach ca. 200 m rechts auf den Radweg (R 1), vor dem Fußballplatz sofort wieder links, Radweg nach **Schlatt** ❾.

25 km

In **Schlatt** gelangt man durch die *Lazariter Straße,* vorbei an stattlichen Dreiseit- und Winkelgehöften, die früher als Erblehenshöfe dem Johanniterorden in Heitersheim gehörten, zur Kirche. Das 1275 erbaute Gotteshaus ist die Traditionskirche des im Mittelalter in der Leprosenversorgung tätigen Lazariter-Ordens (1974 Wiedergründung einer Lazariterkommende in Schlatt). Neben ihr, hinter dem stattlichen, prächtig restaurierten Gebäude Quellenstraße Nr. 4, entspringt die Lazariterquelle, die stärkste Karstquelle des Markgräflerlandes; in diesem späteren Dorfbach schwimmen viele Forellen.

In Schlatt links in den Ort, dann rechts in die *Bremgartner Straße,* geradeaus der *Lazariter Straße* durch die Konviktgehöfte bis zur Kirche folgen. Hier links zur Landstraße, rechts herum auf den Radweg nach **Bad Krozingen** ❿.

28 km

Zwischen Schwarzwald und Vogesen im Markgräflerland liegt der bekannte Kurort **Bad Krozingen** mit seinen etwa 14.000 Einwohnern und den Ortsteilen Tunsel, Schlatt, Biengen und Hausen a. d. Möhlin., ein jeder davon mit eigener Geschichte und eigenen Sehenswürdigkeiten (Schloß aus dem 16. Jh., Kirche und Kapelle in Biengen; St.-Johannes-Kirche von 1789 in Hausen; Kirche von 1130 in Schlatt; Kirche und Pfarrhaus in Tunsel).

Im Raum Bad Krozingen wurden Gefäße aus der jungen Steinzeit (um 2.000 v. Chr.) gefunden, in der vorchristlichen Zeit und lange danach war diese Region von Kelten besiedelt: Gewann-, Fluß- und Ortsnamen wie Neumagen, Möhlin, Kems, Tunsel und Belchen bezeugen dies bis auf den heutigen Tag.

Der Name „Scrozzinga" wird erstmals in einer im Jahr 807 ausgestellten Schenkungsurkunde für das Kloster St. Gallen überliefert. Die Herrschaft über den bis 1805 zur vorderösterreichischen Landgrafschaft Breisgau gehörenden Ort wechselte mehrmals im Laufe der Jahrhunderte unter den bedeutenden Breisgauer Adelsgeschlechtern.

Zur Fülle der Sehenswürdigkeiten Bad Krozingens zählt in der Ortsmitte die 1753/4 erbaute Nepomuk-Brücke über den Neumagen mit zwei Brückenfiguren des Barockbildhauers Sellinger, weiterhin die St.-Alban-Pfarrkirche (Turm etwa 12. Jh.) am Rathausplatz aus der Zeit nach dem 30jährigen Krieg, eingeweiht 1726, mit Figuren aus der Zeit um 1740 und beachtlichen Deckenfresken, sowie der Brunnen neben der Kirche. Unweit der Kirche liegt der Lammplatz, der ursprünglich Marktplatz hieß; hier steht das Haus „Schloß-Café", „Schlößle" genannt, seine Ursprünge gehen bis ins 12. oder 13. Jh. zurück.

1578 errichtete der Abt von St. Blasien ein dreistöckiges spätgotisches Gebäude als Amtshaus, das heutige Schloß. Mitte des 18. Jh. wurde es wie Schloßkapelle und Park im Rokoko-Stil umgestaltet (heute Sammlung historischer Tasteninstrumente). Schräg gegenüber sieht man das Litschgi-Haus, einst Propstei des Klosters St. Blasien und mit diesem durch unterirdische Gänge verbunden.

Das älteste und kostbarste Baudenkmal Bad Krozingens aber ist die aus der Frühzeit der alemannischen Christianisierung stammende Glöcklehof-Kapelle (kurzer Abstecher von der Schwarzwaldstraße). Ihr Bau und ihre Fresken gehen wohl auf das Jahr 1025 zurück. Im Innern befindet sich ein Wandfresko, darunter die älteste Christus-Darstellung dieser Art nördlich der Alpen. Die Malerei an der Altarwand hat das Martyrium des Johannes zum Thema.

Außerdem sehenswert in Bad Krozingen: die St.-Fridolin-Kapelle im Ortsteil Kems, die St.-Joseph-Kapelle, die Litschgi-Mühle mit St.-Nepomuk-Kapelle und natürlich der 40 ha große naturbelassene Kurpark.

Bad Krozingen empfiehlt sich außerdem als Ausgangspunkt weiterer Radtouren; ergänzend zum gut ausgebauten und gut beschilderten Wegenetz gibt es eigene Radkarten.

Info: Kur- und Bäderverwaltung, Herbert-Hellmann-Allee 12, 79189 Bad Krozingen, Tel. 07633/4008-63

In Bad Krozingen zunächst Landstraße am Kurgebiet entlang, am Thermalbad Vita Classica links in die *Thürachstraße.* Nun führt der Weg geradeaus durch den wunderschönen Kurpark: Auf eigens angelegten Radwegen den Fahrradweg-Schildern Richtung Mengen/„Markgräfler Radwanderweg" folgen. Am Ende des Weges durch den Kurpark *(Neumagenstraße)* links *(Kurparkstraße)* hoch zur *Hauptstraße,* vor den Schienen links *(Westring)* am Bahnhof vorbei, auf dem Radweg auf der linken Fahrbahnseite *(Offnadinger Weg)* den Schildern Richtung Mengen/Radweg 8 b folgen nach **Offnadingen ⑪**.

31 km

In Offnadingen an der Kreuzung geradeaus *(Hauptstraße)* durch den Ort, nach ca. 300 m am Wegekreuz rechts (Radweg-Schild 8 b) durch die Felder Richtung **Norsingen ⑫**.

33 km

Norsingen soll zusammen mit Ebringen zum Eigengut von Otmar, dem ersten Abt des Klosters St. Gallen (seit 723), gehört haben. Norsingens erste urkundliche Erwähung wird auf 1242 datiert. 1434 kam es zur Herrschaft Staufen. Nach dem Tod des letzten Freiherrn von Staufen (1662) nahm das Kloster St. Gallen den Ort wieder in die eigene Verwaltung; er wurde von da an gemeinsam mit Ebringen verwaltet. 1805 erwarben die badischen Markgrafen die beiden Herrschaften.

Vor der Bahnunterführung vor Norsingen links ab-biegen Richtung Mengen, über die Landstraße hinweg, am nächsten Gehöft rechts nach **Mengen ⑬**.

35 km

37 km

In Mengen durch die *Schulstraße* bis zur Kirche fahren, geradeaus am Rathaus vorbei bis zur Landstraße, diese nach links auf die kleine Straße Richtung Friedhof überqueren, am Friedhof vorbei bis zur Autobahnunterführung. An der danach folgenden **Wegekreuzung ⑭** rechts Richtung Schallstadt. Durch die Felder, rechts herum über den Mühlebach, sofort wieder links nach **Schallstadt ⑮**.

39 km

Die Gemeinde **Schallstadt** besteht seit 1971 aus den früher selbständigen Weindörfern Schallstadt und Wolfenweiler (seit 1975 gehört auch Mengen dazu). Als „Scalcstater marca" fand Schallstadt erste schriftliche Erwähnungen in Urkunden zu Schenkungen von Rebgelände an das Kloster Lorsch in den Jahren 779, 793 und 893.

Nach dem Aussterben der Zähringer ging die Oberlehnsherrschaft von Schallstadt 1218 an die Grafen von Freiburg, 1475 an die Markgrafen von Hochberg-Sausenberg und 1503 an die Markgrafen von Baden über. 1807 gehörte die Gemeinde zum Ober- und später zum Bezirksamt Freiburg.

Info: Rathaus, Kirchstraße 16, 79227 Schallstadt, Tel. 0 76 64/6 10 90; Verkehrsverein Batzenberg-Schönberg, Tel. 0 76 64 / 70 13

An der Gabelung vor Schallstadt links, nach 100 m rechts, nach weiteren 100 m an den Sportplätzen links auf den Radweg Richtung Freiburg. Nach ca. 1 km geradeaus durch den Wald *(Neuhauserweg)*, ca. 600 m weiter auf dem kurzen Asphaltstück rechts auf die *Brücke über die B 3/31* auf den Schönberg zu Richtung Leutersberg. Auf der anderen Seite vor der kleinen Holzbrücke links, den Asphaltwegen folgen bis zur Landstraße (L 125), an dieser links entlang zurück bis zur weithin sichtbaren **Kirche in St. Georgen**.

42 km

45 km

Von Freiburg nach Elzach
In die Schwarzwald-Idylle des Elztals

Das reizvolle Elztal schneidet eine tiefe Furche mitten in den Schwarzwald. Der kleine Fluß Elz entspringt in 1089 Metern ü.d.M. am sogenannten Briglirain, fließt zunächst nach Norden durch das enge, von hohen Steilhängen eingeschlossene Hinterprechtal. Die Elz wendet sich bei Oberprechtal gen Südwesten und hält diese Richtung bis zum Eintritt in die Breisgauer Bucht. Das Elztal wird flankiert von Rohrhardsberg, Hörnleberg und Kandel, dem majestätischen Eckpfeiler des Schwarzwaldes zur Rheinebene. Die Zeiten der häufigen verheerenden Überschwemmungen sind seit Begradigung und Eindämmung im 19. Jh. vorbei. Zuvor war die Elz im Tal zwischen Waldkirch und Emmendingen in mehrere Arme geteilt und 100–250 Meter breit; es zogen sich Sümpfe, Kies- und Sandfelder am Fluß entlang.

Nach der Anfahrt von Freiburg aus beginnt der Elztal-Radwanderweg nordwestlich von Gundelfingen und zieht sich leicht ansteigend durch dieses große Schwarzwaldtal elzaufwärts bis nach Prechtal. Zum Vergnügen und zur Rast bieten sich viele Gelegenheiten. Nach den ersten Kilometern erreicht man den Waldspielplatz Batzenhäusle. Waldkirch lädt zum Verweilen ein bei Minigolf, Tretbootfahren, in den Kuranlagen oder im Schwarzwaldzoo. Picknickmöglichkeiten gibt es zuhauf, die schönsten Plätze sicherlich an der Wilden Gutasch oder am Silberwald. Und für Badepausen bieten sich die Schwimmbäder in Denzlingen, Waldkirch, Kollnau, Gutach, Simonswald und Elzach an.

Wem die gesamte Strecke Freiburg–Elzach–Freiburg per Velo zu lang ist oder wer lieber längere Zeit für Abstecher und Pausen nutzen möchte, der kann entweder nur den beschriebenen Hinweg nach Elzach fahren und dann mit der Bundesbahn (jetzt auch sonntags!) zurück – oder mit der Bahn zuerst nach Elzach und dann die Elz hinab entweder den beschriebenen Hinweg in umgekehrter Folge oder nur den beschriebenen Rückweg über Suggental und Heuweiler nach Freiburg oder in Waldkirch, Denzlingen, Gundelfingen die Bahn für An- oder Rückfahrt nutzen (Fahrdauer mit dem Rad Freiburg–Elzach ca. 3,5 Std., Rückweg Elzach–Freiburg ca. 2,5–3 Std.).

Start und Ziel:	Freiburg, Hauptbahnhof alternativ: ab Bahnhof Gundelfingen/ ab Bahnhof Denzlingen
Streckenlänge:	70 km von Freiburg nach Elzach und zurück, Abkürzungen mit DB möglich

Charakter:	*Fast die gesamte Strecke ist asphaltiert, überwiegend Wirtschaftswege durch Felder und ruhige Nebenstraßen; kurze Strecken über geschotterte Feldwege, eine kurze verkehrsreiche Ortsdurchfahrt in Niederwinden. Auf der Gesamtstrecke Freiburg–Elzach steigt der Weg um ca. 150 Meter an; auf der ersten Hälfte führt der Weg fast immer parallel zur Bahnlinie Freiburg–Elzach.*
Wegweisung:	*Ab Gundelfingen markierter Radweg nach Denzlingen; ab Denzlingen Beschilderung Elztal-Radwanderweg; auf dem Rückweg ab Gundelfingen markierter Radweg nach Freiburg.*
Verkehrsverbindungen:	*Ab Freiburg Hbf. DB 726 über Herdern, Zähringen, Gundelfingen, Denzlingen, Waldkirch nach Elzach, etwa stündlich hin und zurück; SBG Bus 1066, 7201 (außer So.) 7206, 7274 nach Elzach, zudem SBG 7272, 7273 nach Waldkirch.*
Verknüpfungsmöglichkeiten:	*Ab Denzlingen Tour 11/Dreisam-Elz; ab Buchholz Radweg Emmendingen–Waldkirch (eigene Beschilderung); ab Bleibach-Ottensteg Richtung Simonswald/Furtwangen; ab Elzach–Prechtal ins Kinzigtal nach Haslach.*

Die Tour auf einen Blick

Nr.	km	Beschreibung
		Vom **Bahnhof Freiburg** aus über *Bismarckallee* und *Stefan-Meier-Straße*
1	2	in die ***Händelstraße,*** an den Bahnschienen entlang zum
2	6	**Bahnhof Gundelfingen.** Weiter parallel zur Bahnstrecke nach
3	9	**Denzlingen.** Geradeaus durchs Zentrum, an der Bahnlinie entlang bis zur
4	11	**Wegegabelung.** Hier rechts durch die Felder nach
5	13	**Buchholz.** Hier geht es durch die *Schwarzwaldstraße, Alte Dorfstraße,* am Ortsende links zum Rebberg. An der Verzweigung rechts nach
6	16	**Waldkirch.** Durch das Wohngebiet, an der
14		**Carolus-Kirche** geradeaus, an der Brauerei und hinter dem Bahnhof entlang
7	18	bis zur Elz, rechts ins Gewerbegebiet **Kollnau.** Rechts *(Im Grün)* an der Elz entlang nach
8	21	**Gutach.** Durch das Ortszentrum, unter der Landstraße hindurch, links
9	23	über den Ottensteg links nach **Bleibach.** Durch *St.-Georg-, Dorf-* bis zur *Silberwaldstraße.* Am Hotel „Silberkönig" vorbei nach
10	26	**Niederwinden.** Rechts herum nach Oberwinden, hier am Rathaus rechts, links an der Kirche vorbei durch die Felder,

11	30	an den **Staudenhöfen** links abbiegen nach
12	33	**Elzach.**
		Zunächst auf gleichem Wege zurück:
13	39	über **Oberwinden**, Niederwinden, Gutach, Kollnau,
14	49	nach Waldkirch. Hier an der **Carolus-Kirche** links über Schienen und Elz, rechts am Fluß entlang
15	51	nach **Suggental.** An der Schnellstraße und am Wald entlang,
16	53	hinter der **Überführung** über die Schnellstraße links abbiegen Richtung „Biotop", am Waldrand entlang Richtung Glottertal,
17	56	bis zur Landstraße, von dort nach **Heuweiler.**
2	60	Dem Bahndamm folgen zum **Bahnhof Gundelfingen.** An den Bahnschienen entlang über Bahnhof Zähringen, *Wildtalstraße,*
1	64	*Burgdorfer Weg, **Händelstraße,*** *Stefan-Meier-Straße*
	66	zurück zum **Bahnhof Freiburg.**

Start der Tour am **Bahnhof Freiburg**. Auf dem Radweg auf der gegenüberliegenden Seite der Bismarckallee links herum Richtung Norden, über die große Kreuzung auf dem Radweg geradeaus *(Stefan-Meier-Straße)* bis zur *Habsburger Straße,* diese am sichersten auf dem Fußgängerüberweg rechts überqueren, in die gegenüber beginnende ***Händelstraße*** ❶ (Radweg unmittelbar vor der Bahnunterführung an der linken Straßenseite).

2 km

Am Ende der *Händelstraße* links unter der Bahn hindurch, sofort rechts *(Burgdorfer Weg)* auf den Radweg. Am Ende des Weges weiter geradeaus *(Wildtalstraße),* nach 50 m rechts unter der Bahn hindurch *(Pochgasse),* sofort links aufwärts *(Höheweg,* später *Zähringer Weg, Wolfsgrubenweg)* am Bahnhof Zähringen vorbei, zwischen Schienen und Feldern zum **Bahnhof Gundelfingen** ❷.

6 km

Rechts herum an der fahrradunfreundlichen Absperrung vorbei, links *(Glotterpfad)* über die *Waldstraße* auf den Radweg rechts vor der Bahnunterführung (Schild „Radweg Denzlingen"/„Elztal"), später durch die Straßenunterführung hindurch, dann rechts und nach ca. 50 m links nach **Denzlingen** ❸ *(Mühlengasse).*

9 km

Hier über die Hauptstraße geradeaus *(Rosenstraße)* und halblinks *(Schwarzwaldstraße)* durch das neue Zentrum bis zum Verteilerkreis. Hier in die erste Straße rechts *(Hindenburgstraße)* und sofort links in die *Bahnhofstraße* (Beschilderung „Elztal-Radwanderweg") abbiegen. Den Schildern folgend durch das Wohngebiet, am Mauracher Berg und später an der Bahnstrecke entlang bis zur **Wegegabelung** ❹. Hier rechts durch die Erdbeer- und Maisfelder, ein Stück an der Elz entlang, links über den Fluß nach **Buchholz** ❺.

11 km

13 km

Buchholz ist ein Stadtteil von Waldkirch. In der Häuserzeile der Alten Dorfstraße an der Fahrradstrecke steht etwas zurückgesetzt das Schloß, 1760 erbaut nach Art Schweizer Landhäuser. Buchholz ist bekannt als große Erdbeer-Anbaugemeinde und für seine Burgunder Weine.

Einkehrtip: Kury's Strauße, Schwarzwaldstraße 18, Tel. 0 76 81 / 92 85 (tägl. ab 17 Uhr, Sa + So ab 15 Uhr, Di Ruhetag)

In Buchholz geradeaus durch die *Schwarzwaldstraße*, rechts abbiegen in die *Alte Dorfstraße*. Am nordöstlichen Ortsrand links *(Fohrenbühlstraße)*, über die Schienen weiter bis zum Rebberg. An der Verzweigung rechts Richtung Waldkirch, an Weinberg und Waldrand entlang, an Schützenhaus und Spielplatz vorbei nach Batzenhäusle *(An der Halde)*. An der Hauptstraße geht es links nach
16 km **Waldkirch** ❻ *(Emmendinger Straße)*.

Waldkirch am Fuße des 1242 m hohen Kandel, ein staatlich anerkannter Kneippkurort, war einst Herrschaftssitz der Schwarzenberger, woran die Ruine Kastelburg (1634 bei einem Brand zerstört) erinnert (nach kurzer Fußwanderung bergan zu erreichen, mit schönem Ausblick).

Die erste urkundliche Erwähnung Waldkirchs stammt aus dem Jahre 926. Im Jahre 1300 erhielt Waldkirch das Stadtrecht und fungierte lange Zeit als entscheidende wirtschaftliche und militärische Macht im aufstrebenden Elztal. Belagert, bestürmt und erobert, wechselten in Waldkirch im Mittelalter die Herrschaftsverhältnisse mehrfach, nach der Habsburger Regentschaft wurde die Stadt 1806 badisch.

Wenige Minuten vom Radwanderweg entfernt findet man die ausgedehnten Kuranlagen mit dem idyllischen Stadtrainsee, in unmittelbarer Nähe den Schwarzwaldzoo mit Streichelzoo für Kinder, Vogellehrpfad und einer der größten Eulensammlungen Europas.

Mitten in der Stadt befindet sich der mittelalterliche Marktplatz mit Fußgängerzone, nicht weit davon die Stiftskirche St. Margaretha, ein Glanzstück des Barock mit sehenswerter Innenausstattung, und das alte Propsteigebäude, heutiges Elztalmuseum. Hier erwartet den Besucher außer Volkskundlichem eine große Sammmmlung mechanischer Orgeln und Orchestrien, denn Waldkirch war im 19. Jh. ein weltberühmtes Zentrum des Orgelbaus. Was die Musikfabrikanten aus Orgeln so alles machten, kann man hier in allen Entwicklungsstufen nacherleben.

Seit 1988 fertigt man bei Jäger & Brommer wieder nach alter Väter Sitte Handdrehorgeln und Kirchenorgeln. Andere Unternehmen bauen, restaurieren und reparieren Hausorgeln.

Brücke über die Wilde Gutach (Tour 5)

Blick auf Elzach (Tour 5)

Das alte Gerichtsgebäude in Colmar (Tour 6)

Info: Verkehrsamt, Kirchplatz 2, 79183 Waldkirch,
Tel. 0 76 81 / 4 04 - 1 06, 1 94 33
Elztalmuseum, Kirchplatz 14, Tel. 0 76 81 / 4 04 - 1 04
Schwarzwaldzoo, Am Buchenbühl, Tel. 0 76 81 / 89 61

In Waldkirch parallel zur Elz durch das Wohngebiet fahren, an der **Carolus-Kirche** ⑭ vor der Bahnüberquerung geht es weiter geradeaus *(Unteres Amtsfeld)*, unterhalb der Kastelburg entlang, an der Brauerei rechts und dann links abbiegend hinter dem Bahnhof entlang *(Max-Barth-Weg)*, wieder zur Elz. Ca. 500 m hinter dem Bahnhof rechts über die kleine Brücke *(Kastelbergstraße)* ins Gewerbegebiet, hier erste Abzweigung rechts *(Grünstraße)*, immer an der Elz entlang *(Am Elzufer)* durch **Kollnau** ❼.

18 km
19 km

Inmitten des zu Waldkirch gehörenden **Kollnau** überrascht der gut erhaltene Sailerjörgenhof, ein Bauernhof im alten Schwarzwälder Stil. Die weithin sichtbare katholische Kirche mit einem hohen, im Glockengeschoß weit geöffneten Turm mit Jugendstil-Kuppeldach zählt zu den bemerkenswertesten Sakralbauten im gesamten Landkreis und ist einen kurzen Abstecher vom Weg wert.

An der Straßengabelung das Elzufer geradeaus verlassen *(Im Schießgrün)*, links abbiegen *(Kreuzstraße)*, sofort wieder rechts *(Stadionweg)*, am Fußballstadion vorbei und weiter auf dem Radweg nach Gutach. An der alten Bundesstraße rechts, an der Firma Gütermann vorbei, wieder rechts über die kleine **Gußeisen-Brücke** über die Wilde Gutach (nicht Elzach-Villé-Weg), hinter der Brücke sofort links abbiegen *(Herrenweg)* ins Zentrum von **Gutach** ❽.

21 km

Gutach liegt an der Mündung der Wilden Gutach in die Elz. Die bekannte Seidenspinnerei Gütermann mit ihren Fabriken, Wohn- und Sozialbauten einschließlich den Villen samt schönem Golfplatz prägen das Ortsbild. Die alten Werkswohnungen mit Laubengängen an der Elzstraße wurden zu attraktiven Wohnungen erneuert.

Info: Verkehrsamt (im Bahnhof), 79261 Gutach, Tel. 0 76 85 / 91 01 28.

In Gutach geradeaus auf der *Elzstraße* durch den Ort, unter der Landstraße hindurch, an Friedhof und Sportplatz vorbei *(Am Schönwasen)*, links über den Ottensteg, der über die Wilde Gutach ins schmaler werdende Tal nach **Bleibach** ❾ führt.

23 km

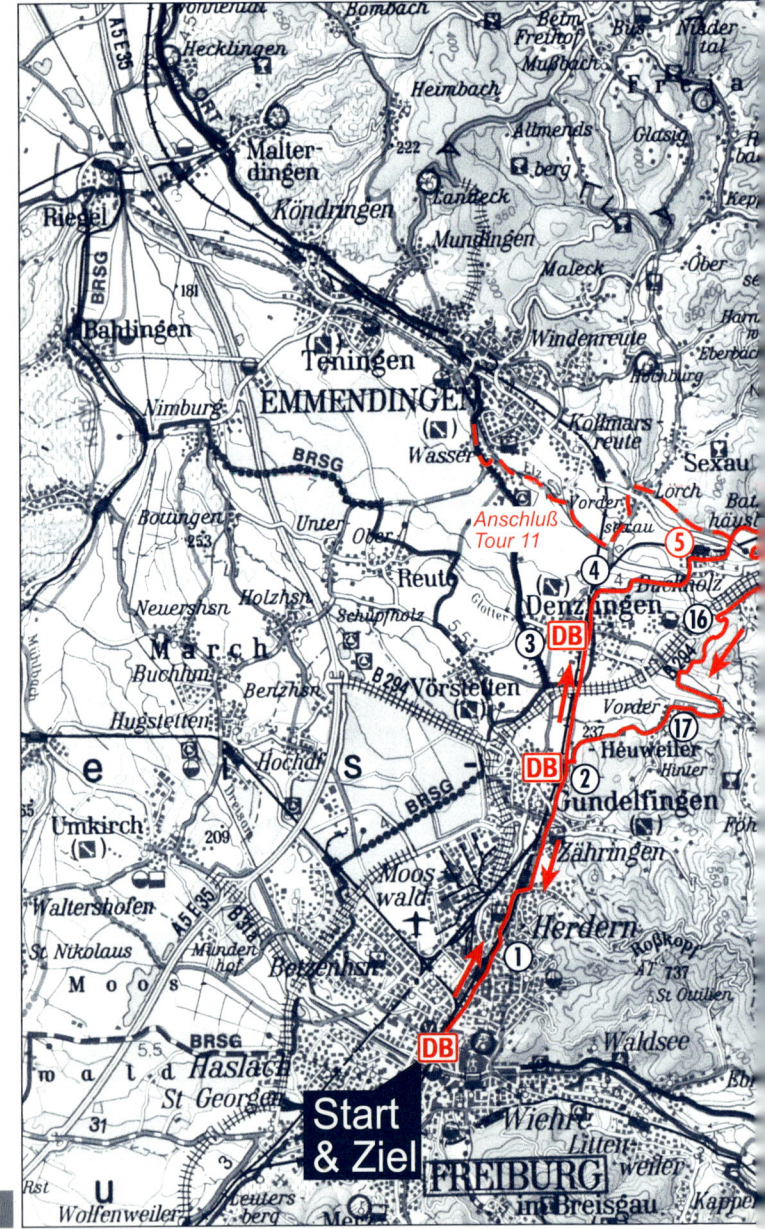

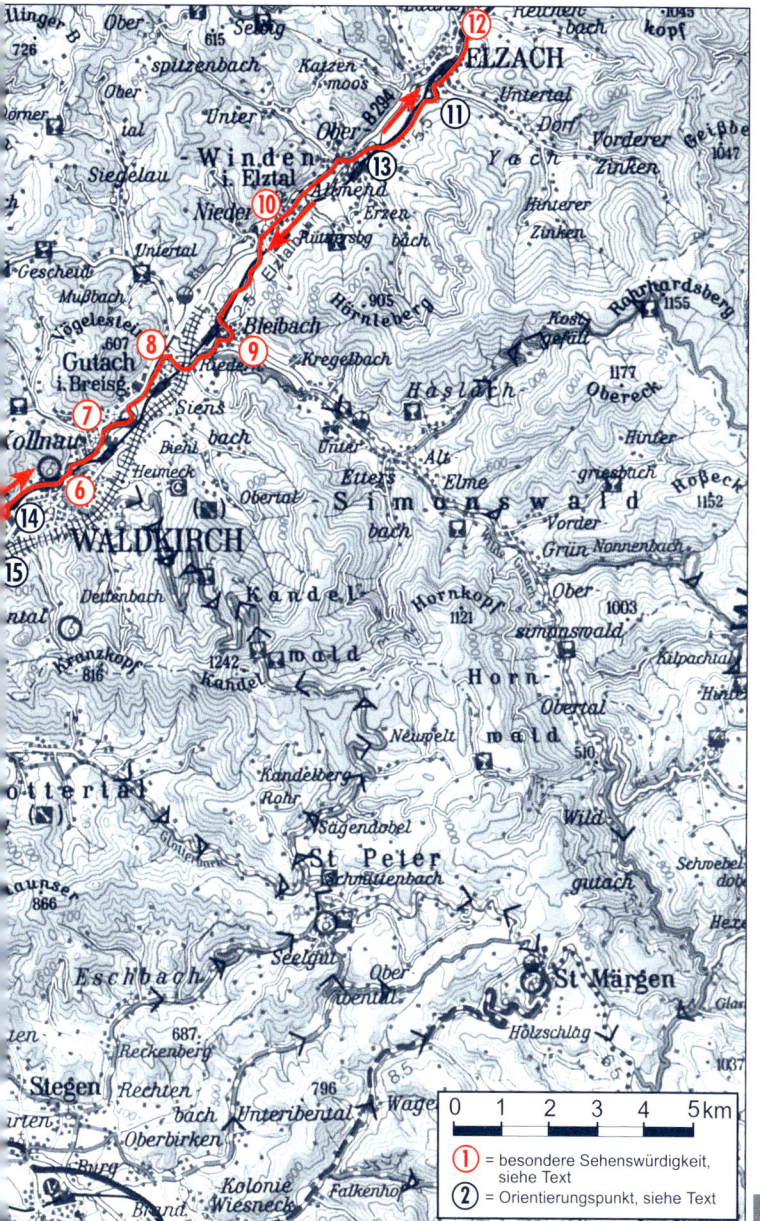

| 0 | 1 | 2 | 3 | 4 | 5km |

① = besondere Sehenswürdigkeit, siehe Text

② = Orientierungspunkt, siehe Text

Bleibach ist ein Ortsteil von Gutach und staatlich anerkannter Erholungsort am Eingang des Simonswälder Tals. Der Ortsname erinnert an die alten Blei- und Silbergruben.

Die katholische Kirche St. Georg weist eine interessante architektonische Verbindung des alten Chores und der Steinhauskapelle durch einen modernen Schmalbau auf, zudem eine bemerkenswerte Totentanzdarstellung in der Kapelle. Fünf Bauepochen prägen die Geschichte dieser Pfarrkirche, der erste Bau von 1350 war schon im 16. Jh. zu klein und wurde erweitert. Stilprägend waren vor allem Abriß und Neubau um 1670.

Besichtigung mit Führung nach Anmeldung bei Hermann Trenkle, Tel. 0 76 85 / 2 38.

In Bleibach geradeaus bis zur L 173, hier rechts ab und sofort wieder links in die *St.-Georg-Straße*. Am Ende der Straße links *(Dorfstraße)* ins Ortszentrum, unter der Bahn hindurch, rechts in die *Silberwaldstraße* (Schild zum Hotel „Silberkönig"). Ansteigend über die Bahnschienen, am Hotel vorbei, auf dem asphaltierten Weg durch die Bahnunterführung, sofort rechts herum ca. 250 m lang Schotterweg, dann links *(Dürrenbergweg)* zur Ortsmitte **Niederwinden** ❿. Auf der verkehrsreichen Landstraße rechts herum durch den Ort. Auf dem Radweg auf der linken Straßenseite ab Ortsende nach **Oberwinden.**

26 km

Winden ist eine ländliche Fremdenverkehrs- und Wohngemeinde am Fuße des Hörnlebergs (905 m), einem bekannten Wallfahrtsort. In den beiden Ortsteilen Niederwinden und Oberwinden ist noch die alte Tradition des Strohschuhmachens und des Schindelmachens beheimatet.

Info: Verkehrsamt, Bahnhofstraße 1, 79297 Winden, Tel. 0 76 82 / 63 92

In Oberwinden am Radwegende wieder nach rechts auf die Landstraße, nach kurzer Ortsdurchfahrt am Gasthaus „Zum Adler"/Rathaus rechts abbiegen. Hinter der Brücke links *(Kirchberg)* ansteigend zur Kirche. Der Weg führt links an der Kirche vorbei durch die Felder, unter der Bahn hindurch zu den **Staudenhöfen** ⓫, hier links durch die Felder Richtung Elzach.

30 km

Hinter den Sportplätzen halbrechts, dann links über die kleine Yachbach-Brücke ins Neubaugebiet, links durch die *Wittenbachstraße* ansteigend bis zum Elza-Werk, hier links hinunter am Bahnhof vorbei nach **Elzach** ⑫**.** Im Ort über die Elz-Brücke, rechts in die *Gerbergasse,* beim Gasthaus „Rössle" halbrechts *(Wörthstraße),* dann links *(Friedhofstraße)* und an der Alten Ölmühle vorbei zur Hauptstraße. Hier links, nach ca. 50 m erreicht man das Rathaus auf der linken Seite, den Wendepunkt dieser Tour.

33 km

Die Stadt **Elzach**, Hochburg der alemannischen Fasnet, liegt im oberen Elztal eng umschlossen von Schwarzwaldhöfen und bildet zusammen mit dem Stadtteil Oberprechtal einen Luftkurort. Sehenswert ist die St.-Nikolaus-Kirche, deren ältester Teil der Chor mit Netzgewölbe ist. Der mittelalterliche Stadtkern mit Nikolausplatz und Nikolausbrunnen (von 1580) lädt ein zu einem Statbummel mit einem Blick z. B. auf das Rathaus. Lohnend ist auch ein Besuch im Heimatmuseum.

Außerhalb Elzachs sehenswert sind die Wallfahrtskapelle auf dem Hörnleberg und besonders die Neunlindenkapelle an einem gut beschilderten Wanderweg vom Verkehrsamt aus. Diese Kapelle gilt als Schmuckstück der Neugotik, mit schönem Marienbild, gotischen Altären und dem prächtigen Abbild eines Sternenhimmels.

Info: Verkehrsamt (im „Haus des Gastes"), 79215 Elzach,
Tel. 0 76 82 / 79 90 und 8 04 70.

Nach dem Aufenthalt in Elzach führt der Rückweg bis Waldkirch auf gleichen Pfaden retour: von Elzach über **Oberwinden** ⑬, Niederwinden (hinter der Kirche am Spar-Markt die Hauptstraße nach links in den *Dürrebergweg* verlassen), **Gutach** und schließlich Kollnau nach Waldkirch. Hier auf dem *Max-Barth-Weg* bleiben, hinter dem Bahnhof entlang und zurück bis zur **Carolus-Kirche** ⑭.

39 km

44 km

49 km

Ab hier verläuft die Wegführung anders als auf dem Hinweg (man kann natürlich auch den gleichen Weg zurück nehmen): Links herum über die Schienen und Elz, sofort rechts auf den Kiesweg *(Franz-Schubert-Weg)* immer am Fluß entlang, am Gewerbegebiet vorbei bis zum Wegende an der Landstraße. Nach links abbiegen, durch die **Unterführung** ⑮ unter der L 173 hindurch, rechts herum auf die kleine Straße nach **Suggental.** Weiter geradeaus, vor der Auffahrt auf die Schnellstraße links auf den kleinen asphaltierten Weg am Wald entlang.

51 km

Diesen Radweg nach der Fahrt unter der **Überführung über die Schnellstraße** ⑯ hindurch nach links verlassen (Schild „Biotop"),

53 km

am Parkplatz vorbei auf den Weg hinter der Schranke, nach ca. 100 m zwischen Grill- und Spielplatz hindurch rechts auf den Weg am Waldrand entlang. Am Wegende rechts über die kleine Brücke, links über die zweite Brücke durch die Felder Richtung Gundelfingen. An der Wegegabelung links herum Richtung Glottertal *(In den Engmatten)*. An der Landstraße links abbiegen und nach 100 m sofort

56 km wieder rechts in die Straße nach Heuweiler. In **Heuweiler** ⓱ am Gasthof „Zur Laube" links *(Dorfstraße)*, nächste große Kreuzung rechts *(Gundelfinger Straße)* ortsauswärts, am Waldrand entlang Richtung **Gundelfingen.**

59 km Vor Gundelfingen rechts ab *(Grüner Weg)* durch die Felder auf den Bahndamm zu, an der Wegekreuzung links (Schilder: „Radweg Wildtal/

60 km Gundelfingen/Freiburg"). Über **Bahnhof Gundelfingen** ❷, Sportplätze Wildtal, Bahnhof Zähringen (ab hier Beschilderung „Freiburg-Radwanderweg"), *Wildtalstraße, Burgdorfer Weg, Händelstraße, Stefan-*

66 km *Meier-Straße* zurück zum **Hauptbahnhof Freiburg**.

Durch das Elsaß
Breisach, Neuf-Brisach und mittelalterliche
Gassen in Colmar

In das Nachbarland Frankreich führt die Tour nach Colmar, der elsässischen Weinmetropole. Der Rhein, ehemals ideologisch besetzter Grenzfluß, ist heute eher Brücke und Bindeglied zwischen dem Breisgau und dem Elsaß. Wie ein Spiegel wirkt der Fluß, wie Zwillinge gleichen sich bei klarem Wetter die Ausblicke vom Rhein aus: im Osten flaches Land mit Maisanbau, in der Ferne das historische Freiburg mit den Schwarzwaldrücken im Hintergrund – und im Westen riesige Maisfelder, das bestens erhaltene mittelalterliche Colmar und dahinter die anmutigen Vogesen.

Das Elsaß ist ein flächenmäßig kleiner, dicht besiedelter Landstrich, übersät mit etwa 1.000 meist kleinen Städten und Dörfern, die häufig nur zwei oder drei Kilometer auseinanderliegen. Ein dicht verzweigtes Netz verkehrsarmer Nebenstraßen macht das Radeln außer den vielen Sehenswürdigkeiten attraktiv; ein hohen deutschen Maßstäben genügendes Radwegenetz ist im Aufbau und wird mit viel Elan etabliert.

Beschrieben ist diese Tour, deren Ziel und Mittelpunkt die Stadt Colmar ist, als Weg von Breisach aus nach Colmar, auf anderer Strecke zurück nach Breisach und von dort nach Freiburg. Für den Hinweg nach Breisach empfiehlt sich die Bundesbahn; besonders sportliche Fahrer, die den Weg nach Breisach ebenfalls per Velo erledigen möchten, seien auf den hier beschriebenen Rückweg oder auf Tour 3 (Freiburg-Breisach) als Streckenführung verwiesen.

Start:	*Bahnhof Freiburg (Zugfahrt nach Breisach)*
Ziel:	*Bahnhof Colmar; Rückfahrt mit dem Fahrrad bis Bahnhof Breisach oder für Sportliche nach Freiburg*
Streckenlänge:	*(Freiburg–Breisach 23 km) Breisach–Colmar 24 km; Colmar–Breisach 29 km; Breisach–Freiburg 25 km; gesamt Breisach–Colmar–Freiburg 78 km*
Charakter:	*(Bis Breisach asphaltierte Nebenstrecken und Radwege.) Von Breisach nach Colmar meist asphaltierte Nebenstraßen, von Colmar nach Breisach asphaltierte Wirtschaftswege und ein Stück Feldweg; von Breisach nach Freiburg Radwege und Nebenstrecken.*

Wegweisung:	(Bis Breisach ab Merdingen Kaiserstuhl-Radwanderweg.) Ab Rhein französische Radweg-Schilder (Route Verte) zu den einzelnen Orten auf der Strecke; auf dem Rückweg von Breisach aus strecken-weise Kaiserstuhl- und Breisgau-Radwanderweg.
Verkehrsverbindungen:	Freiburg–Breisach mit DB 729 über Hugstetten, Gottenheim, Ihringen; SBG 1076 Freiburg–Breisach–(Colmar); SBG 7211 Freiburg–Gottenheim–Breisach–(Colmar); Breisach–Colmar SBG 1076 und 7211.
Verknüpfungs-möglichkeiten:	Freiburg–Breisach–Freiburg: Tour 3/Breisach; ab Breisach Tour 13/Kaiserstuhl-Radwanderweg; in Munzingen Tour 10/Tuniberg-Reben-Tour und Tour 4/Bad Krozingen.

Die Tour auf einen Blick

Nr.	km	Beschreibung
		Vom Ausgang des **Bahnhofs in Breisach** links zur B 31, rechts herum zur Rheinbrücke nach Frankreich (N 415).
1	2	**Abfahrt** rechts nach **Volgelsheim,** durch den Ort,
2	6	über D1x/D 468 nach **Neuf-Brisach.**
3	9	Durch den Ort nach **Wolfgantzen,**
4	14	von hier D1 nach **Appenwihr.**
5	16	D 13 nach **Sundhoffen,** am Ortsausgang links herum,
6	20	unter der Autobahn hindurch bis zum **Wegende an der N 422.**
7	24	Rechts herum Richtung Colmar Centre, links in die *Rue de la Semm,* geradeaus bis zum historischen Bahnhofsgebäude von **Colmar.** (Von hier aus rechts gelangt man in die Altstadt.)
8	32	Rückfahrt ab Bahnhof, *Av. Raymond Poincaré, Route de Bâle,* entlang der N 422 nach **Sainte-Croix-en-Pleine,**
9	38	in der Ortsmitte links, über **Hettenschlag** und
10	44	**Weckolsheim**
2	47	nach **Neuf-Brisach.**
1	50	Wie auf der Hinfahrt über **Volgelsheim** (Route N 415)
	53	nach **Breisach.** Ab hier mit dem Zug zurück nach Freiburg oder hinter dem Bahnhof her, parallel zur B 31, über
11	55	**Hochstetten**
12	58	nach **Gündlingen.** Hier K 4979 Richtung Merdingen, am Maxit-Werk rechts ab,
13	64	die K 4931 über **Niederrimsingen**
14	65	nach **Oberrimsingen.**
15	68	Hier links, ab Ortsausgang Radweg über **Munzingen**
16	72	nach **Tiengen,** von hier an der B 31 entlang
17	78	nach **Freiburg-St. Georgen, Kirche.**

Vor dem **Breisacher Bahnhof** startet die Tour nach links und wendet sich im nahen Verteilerkreis links herum (Schild „Rheintal-Radweg"). Am großen Kreisverkehr biegt man auf dem Radweg rechts ab, fährt links herum durch die Unterführung und sofort wieder rechts auf den Radweg Richtung Raststätte. Hinter der Raststätte empfiehlt sich der Fahrbahnseitenwechsel. Auf verkehrsreicher Straße geht es nun über die Rheinbrücken und hinüber ins Nachbarland. In Frankreich stößt man sofort auf die Hinweisschilder für den Radweg nach Neuf-Brisach/Colmar, denen man im Laufe der Hinfahrt folgen sollte. Einige hundert Meter weit fährt man nun auf der verkehrsreichen *Route N 415*, ehe man rechts die **Abfahrt nach Volgelsheim ❶** nimmt. Auf ruhiger Nebenstrecke (D1) erreicht man **Volgelsheim** *(Rue de la Foret Noir).*

2 km

3 km

Erwähnenswert in **Volgelsheim** sind das Wasserkraftwerk, das ehemalige Mortier-Fort (vorgelagerte Festung von Neuf-Brisach) und eine Touristenbahn mit Museumsdepot (altes Eisenbahnzubehör).

Am Rathaus (Mairie) geht es weiter geradeaus durch den Ort und auf einem engen Radweg am Busbahnhof vorbei. Dann überquert man eine Überführung; am Ende der Straße gelangt man auf dem gegenüberliegenden Radweg rechts herum über die Schienen, fährt links *(Rue de la Gare, D1x)* bis zum Kreisverkehr, hier wieder links auf die D 468 nach **Neuf-Brisach ❷**.

6 km

Neuf-Brisach ist ein Musterbeispiel der Kunst des Festungsbaumeisters Vauban. Die zwischen 1699 und 1709 errichtete Stadt besitzt einen doppelten, noch fast völlig erhaltenen achteckigen Befestigungsgürtel mit Wällen, Gräben, Kasematten und Stadttoren. Die Festungsanlage beeindruckt auch heute noch mit 800 m Durchmesser und Mauerstärken von 4,30 m.

Der Zugang erfolgte früher durch vier Befestigungstore, angelegt nach den Himmelsrichtungen. Davon sind heute noch das Colmarer Tor im Westen (Hinfahrt) und das Belforter Tor im Süden (Rückfahrt) erhalten. In letzterem befindet sich ein interessantes Vauban-Museum (Place de la Porte de Belfort) mit einem Stadtmodell.

Der „Sonnenkönig" Ludwig XIV. ließ die Festung seinerzeit erbauen, nachdem Breisach im Frieden von Rijkswijk 1679 von Frankreich an Österreich abgetreten werden mußte.

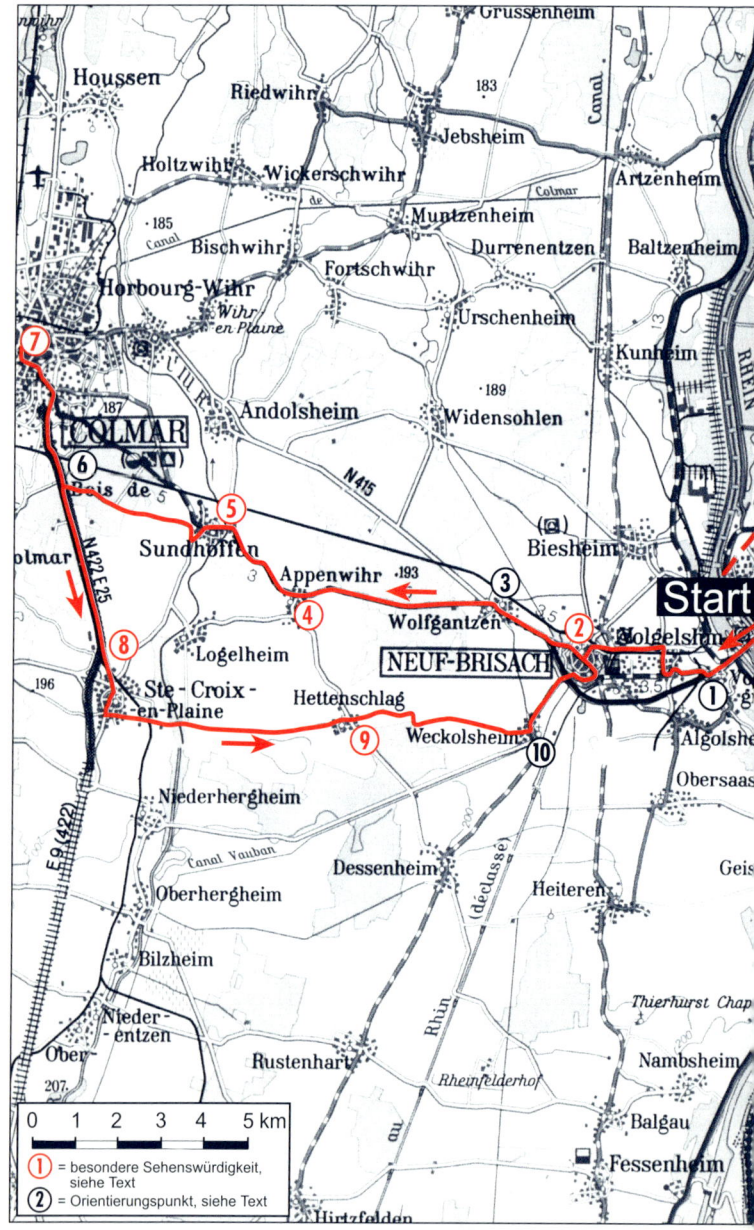

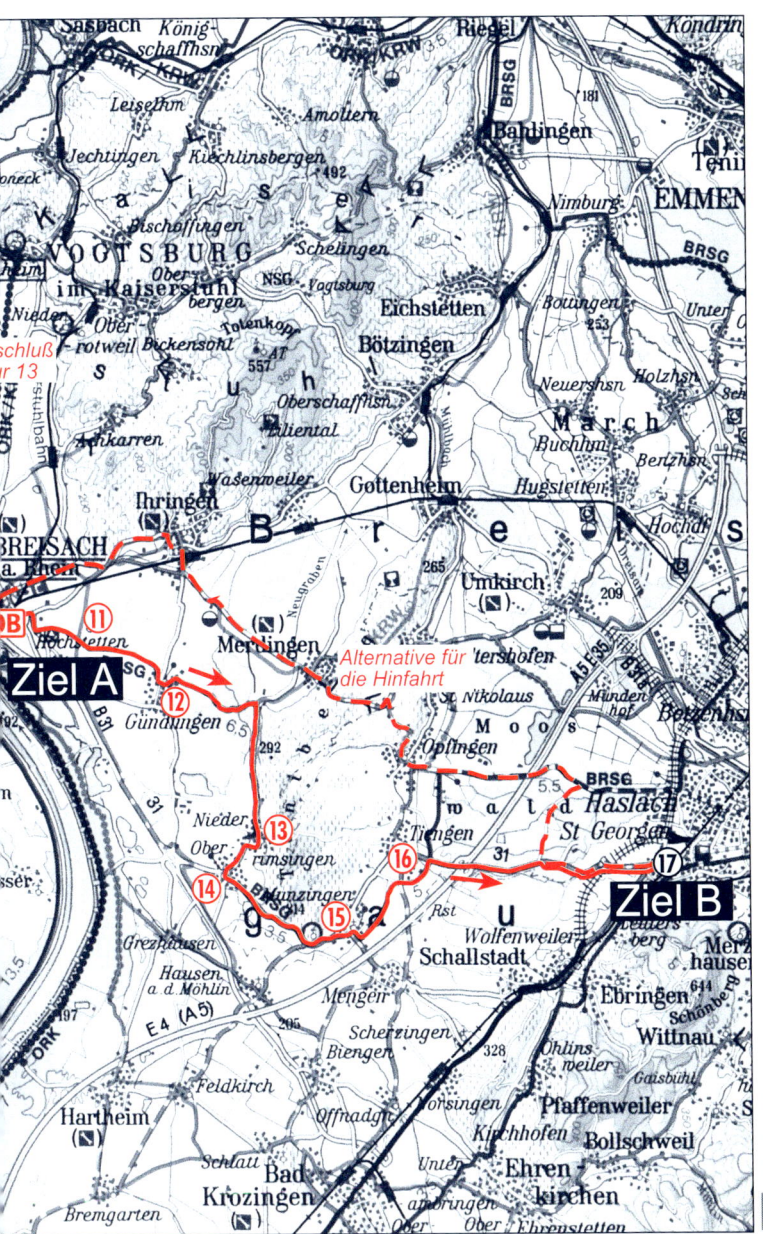

In Neuf-Brisach passiert man die Durchfahrt durch die alte Stadtmauer und fährt weiter geradeaus *(Rue de Strasbourg)* ins Zentrum, hier rechts um den großen Platz herum. In die zweite Straße rechts *(Rue de Colmar)* abbiegen, durch das schmucke Stadttor geradeaus, vor dem Friedhof rechts herum Richtung Wolfgantzen/Colmar.

9 km
14 km

In **Wolfgantzen** ❸ durch die *Rue de Canal* zur Kirche, am großen Platz rechts herum, am Ortsausgang links (D1) nach **Appenwihr** ❹.

Appenwihr bietet neben einem Hügelgrab und schönen Fachwerkhäusern eine evangelische Kirche mit romanischem Turm und gotischer Sakramentsnische.

In Appenwihr führt der Weg rechts herum auf die D 13 *(Rue de Sundhoffen)*, in Sundhoffen im Kreisverkehr geht es weiter geradeaus (D 13) Richtung Colmar, über die Brücke ins Zentrum von

16 km

Sundhoffen ❺.

In **Sundhoffen** fallen neben katholischer und evangelischer Kirche (19. Jh.) Fachwerkhöfe mit eindrucksvollen Toren ins Auge.

Der *Grand Rue* durch den Ort folgen. Am Ortsausgang in der Rechtskurve links *(Rue des Alpes)* und sofort wieder rechts abbiegen. Auf schönem, asphaltiertem Wirtschaftsweg durch Maisfelder und Wald fährt man, unter der Autobahn hindurch, bis zur

20 km

Nationalstraße N 422 ❻. Hier fährt man rechts herum auf dem Radfahrstreifen an der N 422 entlang Richtung Colmar Centre *(Avenue d'Alsace)*. An der großen Kreuzung mit Ampel schräg links in die *Rue de la Semm* abbiegen, dann geradeaus *(Rue des Roses,* später *Rue Bartholdi, Rue Messimy)* bis in die Nähe des Bahnhofs von

24 km

Colmar ❼.

Rechts herum geht es in die berühmte Colmarer Altstadt, man erreicht nach ca. 1 km das Museum Unterlinden und das gegenüberliegende Office de Tourisme.

Colmar ist der touristische Höhepunkt und das Zentrum dieser Radtour. Diese Stadt der Kunst lädt vor allem mit einer großartig erhaltenen Altstadt und dem weltberühmten Isenheimer Altar zum Verweilen ein. Die Wirren von Reformation, 30jährigem Krieg, französischer Revolution und diverse Reichszugehörigkeiten haben erstaunlicherweise kaum Blessuren hinterlassen.

Für den Besucher kommt der Gang durch die Altstadt einer Wanderung durch die Zeitläufe gleich: Gotik, Renaissance und französischer Sonderbarock haben herrliche Zeugnisse hinterlassen. Allein 45 Gebäude stehen unter Denkmalschutz.

Zur Erkundung der Sehenswürdgkeiten empfiehlt sich ein Rundgang vom Unterlindenmuseum bzw. vom Office de Tourisme aus, wo teilweise kostenloses Informationsmaterial zu erhalten ist; darum hier nur in aller Kürze die wichtigsten Highlights.

An erster Stelle steht sicherlich das Unterlindenmuseum (1232 als Dominikanerinnenkloster gestiftet), das eine bedeutende Sammlung von Werken der Bildhauerei und der oberrheinischen Malerei aus Spätmittelalter und Renaissance, aber auch zeitgenössische Kunst beherbergt. Alljährlich pilgern etwas 300.000 Besucher hierher, vor allem, um den Isenheimer Altar zu bestaunen, einen überwältigenden Wandelaltar von Mathias Grünewald.

Der Rundgang durch Colmar beginnt schräg gegenüber dem Museum in der Rue des Têtes, durchquert die Fußgängerzone, führt nach Petite Venice und zurück durch das wundervolle Gerberviertel (Quartier des Tanneurs) zurück zur Shopping-Meile.

Besonders sehenswert auf dem Weg: das Kopfhaus (Rue des Têtes) mit 105 teils skurrilen Masken, die Dominikanerkirche (Rue des Serruriers) mit dem berühmten Tafelgemälde „Madonna im Rosenhag" von Martin Schongauer und der Stadtbibliothek, das Martinsmünster (Place de la Cathedrale), Alte Wachtstube und Pfisterhaus (Rue des Marchands), Koifhus, das gesamte Gerberviertel und die Fischerstaden (Petite Venice).

Info: Verkehrsamt/Office de Tourisme, 4, Rue des Unterlinden, F-68000 Colmar, Tel. (00 33) 03 - 89 20 68 92, Fax 89 41 34 13, Internet www.tourisme.fr/COLMAR.

Museum Unterlinden, 1, Rue des Unterlinden, F-68000 Colmar, Tel. (00 33) 03 - 89 20 15 50 / 89 41 89 23, Fax 89 41 26 22.

Hauptbahnhof, Busbahnhof/Gare Central, Tel. (00 33) 03 - 36 35 35 35.

Vom Bahnhof Colmar fährt man links über den Bahnhofsvorplatz, über die RN 83 (Route de Rouffach) hinweg in die Avenue Raymond Poincaré (Schilder „Radweg nach Freiburg"). Am imposanten Gerichtsgebäude und am „Wasserschloß" vorbei führt der Weg geradeaus (Avenue Georges Clemenceau) bis zur Route de Bâle. Hier rechts abbiegen, Richtung Sainte-Croix-en-Pleine, bis zur N 422, hier rechts (Schild „Radweg Sundhoffen/Neuf-Brisach"). Am

27 km   **Abzweig nach Sundhoffen** nicht nach links, sondern weiter geradeaus an der N 422 entlang, an der Auffahrt zur Autobahn geht
32 km   es rechts vorbei und auf ruhiger Landstraße nach **Sainte-Croix-en-Pleine ❽** *(Route de Bâle).*

Sainte-Croix-en Pleine ist ein ehemaliges Wehrdorf des 13. Jh. Neben dem schmucken Ortsbild mit Renaissance-Häusern und Brunnen seien genannt die Kirche mit gotischem Turm und polygonalem Chor von 1551, die Marienkapelle mit gotischer Innenausstattung, Barockaltar und Schiff von 1800 und das Torhaus aus dem 18. Jh.

Man fährt durch den schmucken Ort, biegt vor der Bushaltestelle links ab *(Rue de Neuf-Brisach/*Parkplatzschild*).* Es folgt ein scheinbar endloser – im Spätsommer optisch sehr enger –
38 km   gerader Weg durch Maisfelder nach **Hettenschlag ❾**.

Für **Hettenschlag** sei hingewiesen auf schöne alte Bauernhäuser und die Kirche aus dem 19. Jh.

Hier geht es durch den Ort, über die Hauptstraße *(Rue de Weckolsheim)* hinweg, wieder durch die Maisfelder.

Am Ende des asphaltierten Weges führt die Tour über den Feldweg rechts auf den Wald zu. Nach ca. 300 m am Waldeck links und
44 km   wieder durch Maisfelder nach **Weckolsheim ❿**. Hier fährt man an der Kirche links herum Richtung Neuf-Brisach, auf der D 2 bis zur und über die Route Nationale, am Rastplatz vorbei auf Neuf-Brisach zu, an der großen Kreuzung vor dem Ort links herum, durch die
47 km   Stadtmauer *(Rue de Bâle)* zum großen Platz in **Neuf-Brisach ❷**.

Rechts um den großen Platz herum in die *Rue de Strasbourg* (Schild „Volgelsheim"/„Allemagne"). Wie auf der Hinfahrt führt der Weg nun über die D 468 bis zum Kreisverkehr, hier rechts in die D1x nach Volgelsheim abbiegen, wieder rechts in die *Rue de Gare,* links herum auf den Radweg an Schulgelände und Busbahnhof vorbei, auf dem Radweg durch den Ort, an der Mairie weiter geradeaus bis zur
51 km   **RN 415 ❶**.

Hier links abbiegen und an der verkehrsreichen Nationalstraße entlang bis zum Rhein, weiter geradeaus über die Brücken, dem Radweg ab der Raststätte rechts folgen, links durch die Unterführung,
53 km   rechts herum und im kleinen Kreisverkehr wieder rechts zurück zum **Bahnhof Breisach**.

Hier steigt man entweder wieder in den Zug nach Freiburg oder fährt den im folgenden knapp beschriebenen Rückweg per Velo nach Freiburg (ausführlich in Tour 3, S. 55 ff.).

40 Meter hoch ragt ein Basaltfelsen aus der Rheinebene auf, Keimzelle der sehenswerten Stadt **Breisach** (s. S. 52 ff.).

Info: Städtisches Verkehrsamt, Marktplatz 2, 79206 Breisach, Tel. 0 76 67 / 94 01 55, Fax 94 01 58, Internet: http://www.breisach.de; e-mail: info@breisach.de

 Der Rückweg per Rad beginnt hinter dem Bahnhof. Dorthin gelangt man, indem man vom Marktplatz zurück zum Kreisverkehr fährt und zweimal links abiegt oder, aus der oben beschriebenen Unterführung kommend, in die erste Straße rechts abiegt (Richtung Hochstetten/Ihringen); ab hier kann man der Beschilderung des Breisgau-Radwanderweges folgen. Dieser führt am Edeka-Markt rechts ab *(Murhan)* durch ein kleines Gewerbegebiet und dann parallel zur B 31 nach **Hochstetten** ⓫ *(Hochstetter Straße).*   *55 km*

In **Hochstetten** befand sich früher ein Handelsplatz, es gibt zahlreiche Funde alter Amphoren (s. S. 55).

 Rechts geht es in den Ort, links in den *Kirchweg,* an der Kirche vorbei durch die Felder nach **Gündlingen** ⓬ *(Im Härdle).*   *58 km*

Für **Gündlingen** bezeugen archäologische Funde Besiedlung seit über 6.000 Jahren, die „älteste Saatmais anbauende Gemeinde Deutschlands" (seit dem 16. Jh.) findet erstmals urkundliche Erwähnung im Jahr 855 (s. S. 56).

 Rechts in die Hauptstraße *(Ihringer Straße)* abbiegen, an der schmucken Kirche links, in der Rechtskurve am Rathaus geradeaus *(Salzhofstraße)* auf die *K 4979.*

Am unübersehbaren Maxit-Werk rechts abbiegen in die *K 4931* nach **Niederrimsingen** ⓭ *(Merdinger Straße).*   *64 km*

Die Geschichte der kleinsten Tuniberggemeinde **Niederrimsingen** wurde bis ins 19. Jh. von der Herrschaft Breisachs, zu der sie seit 1422 gehörte, und von der Zugehörigkeit zu Vorderösterreich bestimmt, sehenswert ist die Pfarrkirche St. Laurentius (s. S. 56).

Schräg links in den Ort hinein, am Rathaus geradeaus *(Kirch-straße)*, dann rechts in die Tunibergstraße und links *(Groß-gasse)* nach **Oberrimsingen** ⓮.

65 km

In **Oberrimsingen** erwähnenswert die geschlossen erhaltene Schloßanlage (rechts an der B 31, s. S. 56 f.).

An der Straßengabelung nach links auf die *B 31* abbiegen. Am Ortsausgang beginnt nun ein bis Freiburg durchgehender Radweg an der *B 31* entlang, zunächst nach **Munzingen** ⓯.

68 km

In **Munzingen**, dem südlichsten Freiburger Vorort, finden sich Reste von gleich drei Herrensitzen (s. S. 57 f.).

Nach kurzen Abstecher bergauf sehenswert: die Erentrudiskapelle (Näheres siehe Tour 10/S. 120).

In Munzingen biegt man am Ortseingang rechts, dann links ab *(Alter Weg;* von hier geht es rechts ab zur Strauße „Kapellenblick", die in Frühjahr und Spätsommer unbedingt einen Abstecher lohnt) in eine Art Radumgehung des engen Ortskerns.

Am Wegekreuz links abbiegen *(Romanstraße),* direkt wieder rechts in die *Reinachstraße,* die in den schönen Radweg durch die Felder nach **Tiengen** ⓰ übergeht.

72 km

Sehenswert im 888 erstmals urkundlich erwähnten **Tiengen** die evangelische Pfarrkirche mit repräsentativem Pfarrhaus sowie einige alte Fachwerk- und Steinhäuser (s. S. 58).

Der weitere Weg führt im Bogen rechts an Tiengen vorbei und endet an der *B 31.* Diese überqueren und auf dem Radweg auf der anderen Straßenseite rechts herum, an der Bundesstraße entlang, durch die Unterführung und über die Überführung zurück nach **St. Georgen, St. Georgs-Kirche** ⓱.

78 km

„Petit Venice" – alte Fischerhäuser in Colmar (Tour 6)

Einladung auf elsässisch, hier in Colmar (Tour 6)

Bad Krozingen – Kurort vor Schwarzwaldhöhen (Tour 7)

Von Freiburg ins Markgräflerland
Durchs Schneckental ins historische Staufen, durchs Hexental zurück nach Freiburg

Die Tour ins Markgräflerland, in den Südwesten der Freiburger Region, ist für den Radfreund eine Kür, die sich immer lohnt. Diese traditionelle Weinregion mit ihren Thermen und alten Burgen, gemütlichen Städtchen und kleinen Winzerdörfern bietet optische, kulturelle und gastronomische Genüsse, die man sich nicht entgehen lassen sollte.

Etwas Besonderes ist die hier vorgeschlagene Tour in die „Toskana Deutschlands" auch wegen ihrer Vielseitigkeit. Geht es zunächst im Schneckental durch Reben und schöne Weinorte, so stehen auf halber Strecke die Städte Bad Krozingen und vor allem Staufen im Mittelpunkt, Städte in denen Aufenthalte sehr lohnen.

Eine ganz anders geartete Umgebung findet der Radler auf dem Rückweg durch das enge Hexental und am Hang des Schönbergs entlang, wo er auf schönen Nebenstrecken wieder nach Freiburg gelangt. Das Hexental, geologisch eine Buntsandsteinmulde, bietet mit seinen Waldsaumwegen, Dörfern und Ausblicken auf die sanften Talweitungen des Eckbachs ein attraktives Fahrradumfeld.

Seinen Namen verdankt das Markgräflerland einer Schenkung: Bei einem Viertele Gutedel (sic!) muß es gewesen sein, als im Jahre 1444 der letzte Graf von Freiburg die Herrschaft Badenweiler (das Gebiet zwischen dem Rheinknie bei Basel und dem südbadischen Müllheim) samt Bad und Schloß und alle umliegenden Ortschaften den jungen Markgrafen Rudolf und Hugo, Herren von Rötteln und Sausenburg, vermachte.

Start und Ziel:	*Freiburg, St.-Johannes-Kirche am Dreisamufer, Ecke Lessingstraße/Schillerstraße und Günterstalstraße*
Streckenlänge:	*39 km*
Charakter:	*Überwiegend asphaltierte Feld- und Weinwirtschaftswege, zwischenzeitlich Radwege und kurze, gut befahrbare Schotter- und Feldwege; zunächst ausschließlich flach, im Hexental dann einige Kilometer lang leicht bergan, auf schmalen Abfahrten zurück nach Freiburg.*
Wegweisung:	*Ab Freiburg-St. Georgen Markgräfler-Radwanderweg/Radweg Freiburg–Mulhouse; in Bad Krozingen kurz abweichend; ab Gütighofen Wanderweg Roter Punkt/Hexental-Rundweg Richtung Wittnau/Freiburg.*

Verkehrsverbindungen:	DB 702 von Freiburg Richtung Müllheim/Basel über Ebringen, Schallstadt, Norsingen nach Bad Krozingen, täglich etwa halbstündlich; SBG 7249 von Freiburg über Ebringen, Schallstadt mit wechselnder Streckenführung Richtung Bad Krozingen/Müllheim Bad Krozingen–Staufen: SWEG 113 Richtung Münstertal; SBG 7208 von Bad Krozingen durchs Hexental über Ehrenstetten, Bollschweil, Sölden, Au nach Freiburg. Ab Au VAG-Buslinie 10 nach Freiburg.
Verknüpfungs- möglichkeiten:	Ab Bad Krozingen mit Tour 3/Bad Krozingen.

Die Tour auf einen Blick

Nr.	km	Beschreibung
		Von der **St.-Johannes-Kirche** am Dreisamufer über die B 3/31 bis zum
1	2	„**Bauhaus**", links, nach 500 m rechts, auf Nebenstrecken durch St. Georgen,
2	4	links in die ***Malteserordensstraße,*** durch die Reben parallel zu den Bahnschienen
3	5	nach **Leutersberg.**
4	7	Weiter nach **Ebringen,**
5	9	**Pfaffenweiler.** An Rathaus und St. Columba-Kirche vorbei nach
6	12	**Kirchhofen.**
7	15	Von hier durch Unterambringen nach **Bad Krozingen.** In den Ort,
8	21	am Neumagen entlang nach **Staufen.**
		Auf dem Rückweg aus Staufen heraus an der Kapelle rechts,
9	24	an der **Abzweigung die Landstraße** rechts herum
10	25	nach **Ehrenstetten.**
11	27	Hier die Landstraße rechts bis **Gütighofen,** links herum zwischen den Höfen hindurch auf den Radweg am Waldrand entlang nach
12	29	**Bollschweil,**
13	31	**Sölden,** weiter geradeaus nach
14	33	**Wittnau.** Von hier bergab nach
15	34	**Au.** Am Gasthaus „Adler-Burg" rechts, links durch den *Ehren-mattenweg* bergab nach
16	35	**Merzhausen.** Hier am Rathaus links zurück Richtung Freiburg, durch *Loretto-* und *Talstraße* zurück zur
	39	**St.-Johannes-Kirche.**

Die Tour in den Süden Freiburgs startet an der weithin sicht-baren **St.-Johannes-Kirche**, die am Dreisamufer unmittelbar in der Verlängerung der Kaiser-Joseph-Straße liegt.

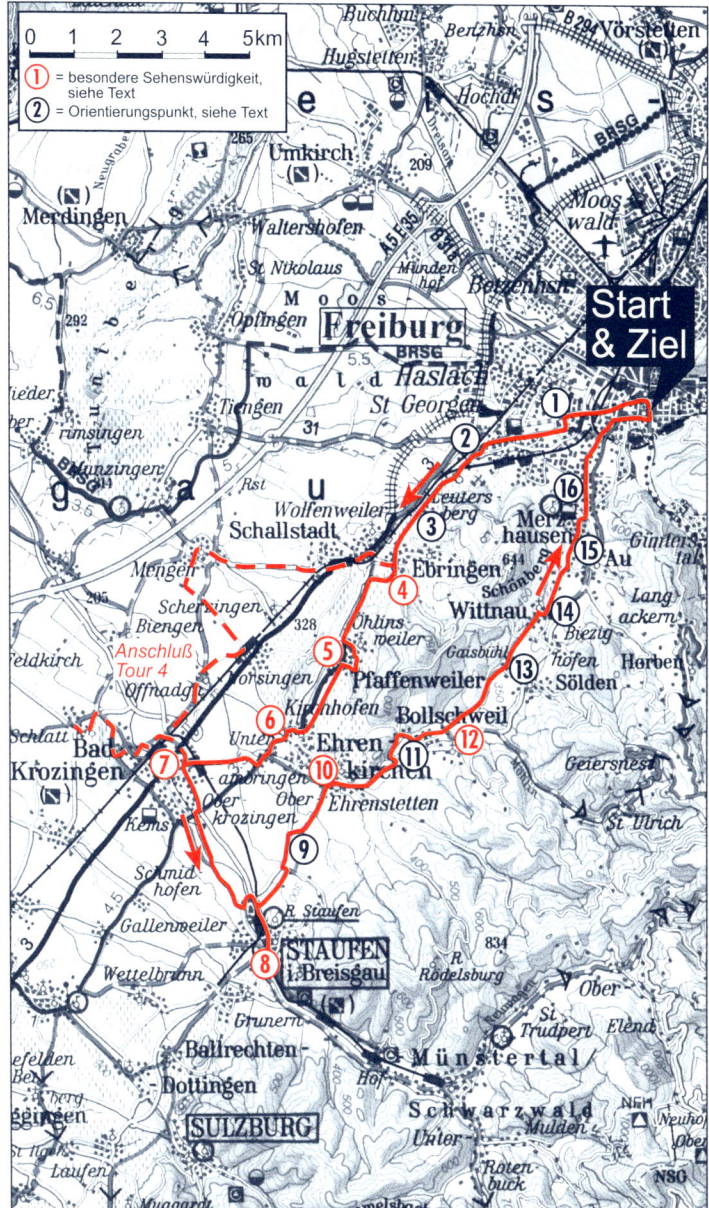

0 1 2 3 4 5km

① = besondere Sehenswürdigkeit, siehe Text
② = Orientierungspunkt, siehe Text

Start & Ziel

Von der Kirche aus beginnt der Weg rechts herum durch die *Basler Straße*. Dieser folgt man an der 2. Ampel *(Kronenstraße)* nach links, auf dem Radweg an der *B 3/31* geht es nun am Pressehaus vorbei Richtung St. Georgen. Zwischen **„Bauhaus"** ❶ und Jet-Tankstelle fährt man zunächst links *(Wiesenthalstraße)*, nach ca. 500 m an der Ampel rechts *(Lörracher, später Andreas-Hofer-Straße)* durch St. Georgen. Vor der Bahnüberführung in der Rechtskurve links abbiegen *(Obergasse)*, über den Dorfbach, rechts, erste links *(Wendelingäßle)* an den Höfen vorbei, am Ende des Gäßles wieder links und am Brunnen rechts in die ***Malteserordensstraße*** ❷ (der Beschilderung „Markgräfler-Radwanderweg" folgen).

2 km

4 km

Nach 300 m links, unter der Bahn hindurch, rechts in die Weinberge. Auf dem Kiesweg parallel zu den Schienen nach **Leutersberg** ❸.

5 km

Der kleinen Straße geradeaus folgen, durch die Reben des Schönberges auf dem asphaltierten Weinwirtschaftsweg nach **Ebringen** ❹.

7 km

In weite Weingärten und Obstanlagen eingebettet, dehnt sich die Gemeinde **Ebringen** (ca. 2.000 Einwohner) über zwei vom Schönberg herabziehende Talmulden aus. Das gepflegte Ortsbild wird von alten Fachwerkhäusern und Brunnen geprägt. Ebringen gehörte für mehrere Jahrhunderte zum Kloster St. Gallen, woran das schloßartige Prälaturgebäude, das heutige Rathaus, erinnert.

Sehenswert ist zudem die Pfarrkirche mit gotischem Chor aus dem 14./15. Jh., die mehrere Rittergrabsteine aus dem 16. Jh. zeigt. Ebenfalls einen Besuch wert ist die ortsansässige Winzergenossenschaft, bei der gute Weine verprobt werden.

An der Verbindungsstraße zum Hexental liegt die bekannte Berghauser Kapelle, 1748 erbaut.

Info: Rathaus, Schloßplatz 1, 79285 Ebringen, Tel. 0 76 64 / 6 08 60.

Am Ende des *Rennweges* an der Bushaltestelle rechts, nach ca. 100 m links, nach 200 m in die zweite Straße rechts, über die Landstraße hinweg den Weinberg hinauffahren, nach 400 m rechts abbiegen, durch die Reben und Felder parallel zur B 3 nach **Pfaffenweiler** ❺ *(Mittlere Straße)*.

9 km

Die Weingemeinde **Pfaffenweiler** bietet dem Besucher einiges. Sehenswert ist u. a. das historische Gasthaus „Zur Stube" aus dem Jahre 1575 am Ende der Weinstraße, eines der kunsthistorisch bedeutsamsten Profanbauwerke des südlichen Breisgaus. Das dreigeschossige gotische Staffelgiebelhaus mit seinen gekoppelten Fenstern, hohen Mauerzügen über dem gewölbten Kellergeschoß, mit Erker und Treppenturm ist ehemals als Gemeindestube und Rathaus zur Aufbewahrung und zum Verkauf des gemeindeeigenen Weins errichtet worden.

Vor dem Gasthaus steht der schöne Stockbrunnen von 1780, mit einer Immakulata-Figur bekrönt. Links in der Kapellenstraße lohnt sich ein Blick auf das Haus Nr. 9, das einzige Fachwerkhaus in Pfaffenweiler, im Jahre 1600 auf Massivsockel errichtet, mit Restfirstsäule und liegendem Stuhl im Giebel. Weitere sehenswerte Häuser (meist aus heimischem Sandstein erbaut): die Häuser Kapellenstraße Nr. 6 (1630) und Nr. 25 (1629), beide mit imposanten Wölbekellern, Nr. 14 (ehemalige Ölmühle), Nr. 18 (1561) mit Staffelgiebel und gotischen Fenstergewänden, Nr. 8/10 (Dreiseithof von 1592). Betrachten sollte man in der Kapellenstraße auch die barockisierte Kapelle Zur Heiligen Barbara und Rosalia mit barockem Dachreiter, Hochaltar aus dem 17. Jh. und Spuren eines Freskos von ca. 1620.

Einen Besuch wert sind zudem die Pfarrkirche St. Columba, das Dorfmuseum gleich neben dem Rathaus mit Darstellungen zur Dorfgeschichte und zum heutigen Dorfalltag sowie das etwas außerhalb beim Schützenhaus liegende Freilichtmuseum mit den historischen Steinbrüchen.

Info: Rathaus, Rathausgasse 4, 79292 Pfaffenweiler,
Tel. 0 76 64 / 9 70 00

In Pfaffenweiler (entweder dem Radwanderweg *[Mittlere Straße]* folgen am Ort vorbei oder) durch den Ort *am Wegekreuz links hoch* zum Brunnen, nach 100 m rechts zu Rathaus/Dorfmuseum, links herum durch das *Rathausgäßle* bis an dessen Ende fahren. Über die *Hauptstraße* links in die *Kirchstraße* abbiegen, an der St.-Columba-Kirche vorbei *(Kirchhofer Weg)*, bergan durch die Obstfelder nach **Kirchhofen ➏**.

12 km

Den ersten Hinweis auf eine Besiedelung von **Kirchhofen** liefert das Jahr 805; der Name Kirchhofen wird erstmals in einer Urkunde aus dem Jahre 1087 erwähnt. Als Wallfahrtsort und Sitz der Lehnsherren war der Ort im Mittelalter das Zentrum für eine größere Anzahl umliegender Orte.

Eine Reihe von Adelsgeschlechtern des Breisgaus war nacheinander Lehnsherr von Kirchhofen; der bedeutendste unter ihnen war der kaiserliche Feldherr Lazarus von Schwendi (1522–1583), der im ehemaligen Wasserschloß seinen Lebensabend verbrachte. Er soll u. a.

aus seinen Feldzügen in Ungarn die Tokajer-Rebe nach Baden mit-gebracht haben.

Sehenswert im schönen Weinort Kirchhofen sind die barocke Wall-fahrtskirche (1740 auf den Resten des gotischen Langhauses gebaut) und das schöne Ortsbild mit Kirche, Gehöft der Winzergenossen-schaft und Gasthof „Krone" sowie besonders das ehemalige Wasser-schloß. Im 11. und 12. Jahrhundert gehörte Kirchhofen dem Bistum Basel. Dessen Herrschaft übernahmen die Herzöge von Zähringen. Es folgten die Patrizierfamilien der Snewelin und der Blumenegg, danach die Österreicher, alle mit Wohnsitz in diesen Gebäuden.

Info: Rathaus, Jengerstraße 6, 79238 Ehrenkirchen, Tel. 0 76 33 / 80 40

In Kirchhofen von der *Bärenstraße* aus links in die *Batzen-bergstraße*, nach 100 m rechts *(Herrenstraße)*, zwischen Kirche und Winzergenossenschaft hindurch, rechts den Berg hinunter, unten links bis zur großen Kreuzung fahren (hier Abkürzung links herum nach Ehrenstetten möglich).

13 km

Weiter geht es geradeaus *(Krozinger Straße)*. Nach 600 m liegt in Unterambringen der Gasthof „Bad" mit Gartenwirtschaft. Fährt man weitere 600 m und unter der Unterführung hindurch, geht es links auf den Radweg nach **Bad Krozingen ❼**.

15 km

Zwischen Schwarzwald und Vogesen im Markgräflerland liegt der bekannte Kurort **Bad Krozingen** mit seinen vielen Sehenswürdig-keiten (s. S. 64 f.).

Info: Kur- und Bäderverwaltung, Herbert-Hellmann-Allee 12, 79189 Bad Krozingen, Tel. 0 76 33 / 40 08 - 63

In Bad Krozingen führt der Weg geradeaus über die Schienen *(Kirchhofener,* später *Schauinslandstraße)*. Vor dem Flüßchen Neumagen biegt man links in die *Schwarzwaldstraße*. (Hier lohnt sich nach ca. 300 m der Abstecher nach links zur Glöcklehof-Kapelle.) Am Ende der *Schwarzwaldstraße* erreicht man die St.-Joseph-Kapelle aus dem 19. Jh.; hier geht es rechts herum in die *Josefstraße* und vor dem Flüßchen Neumagen links herum auf die wunderschöne Kies-weg-Allee am Neumagen entlang Richtung Staufen.

17 km

Nach ca. 1 km Seitenwechsel über die Brücke, auf der rechten Seite links herum weiter am Neumagen entlang. Am Ende des Weges links über die Brücke, sofort wieder rechts ins Zentrum bis zum Rat-haus **Staufen ❽**.

21 km

Schon von weitem fällt der rebenumkränzte Kegel auf, der die Ruine der Stauferburg trägt. **Staufen** am Fuße des Belchen markiert den Übergang vom rauhen Hochschwarzwald zur milden Rheinebene und besticht vor allem durch sein mittelalterliches Stadtbild.

In Staufen soll der Legende nach der Teufel Mephisto im Jahre 1539 (eher 1540) dem Faust das Genick gebrochen haben: Das Gasthaus „Zum Löwen" in der Altstadt weist an seiner Hauswand auf die teuflische Tat hin, die hier in Zimmer Nr. 5 geschehen sein soll.

Neben dem Gasthaus steht das mehrfach umgestaltete spätgotische Rathaus von 1546, das sich früher mit einer Gerichtslaube zum Markt hin öffnete (historischer Ratssaal im 1. Stock). Auch der Marktbrunnen, um den im Sommer die Tische der Cafés stehen, geht auf das 16. Jh. zurück. Ganz in der Nähe ziert eine barocke Mariensäule einen weiteren Brunnen.

Beim Bummel durch die kopfsteingepflasterten Gassen findet der Besucher interessante Geschäfte, er sollte aber nicht vergessen, auf die versteckten Nebengässle und Plätze zu achten. Empfehlenswert ist ein dreiviertelstündiger Spaziergang auf die Staufenburg aus dem 12. Jh. 1602 fiel Staufen an Österreich, im 30jährigen Krieg wurde die Burg von zurückströmenden Soldaten zerstört.

Stadtauswärts in Richtung Westen findet man das ehemalige Stadtschloß (1566 erbaut) der Freiherren von Staufen, die die Lehnsherrschaft der Zähringer Herzöge hatten (heute Staatl. Forstamt). Sie benannten sich nach dem Berg Staufen, der die Burgruine trägt.

Weitere Sehenswürdigkeiten in und um Staufen: das Stubenhaus (Museum für Stadtgeschichte) gegenüber dem Gasthaus „Löwen" am Marktplatz; der Freihof in der Gasse neben dem Kornhaus am Marktplatz; die St.-Martin-Kirche (Überreste aus dem 12. Jh.); die gußeiserne Neumagen-Brücke von 1871, eine brückenbautechnische Rarität; das Keramikmuseum; die Silbermine Teufelsgrund; das erste Bienenkundemuseum Baden Württembergs; die Abtei St. Trudpert, zu Beginn des 17. Jh. im Münstertal hinter Staufen als klösterliche Einsiedelei gegründet; und schließlich für Freunde eines guten Trunks die bekannte Brennerei Schladerer.

Info: Verkehrsamt (im Rathaus), Hauptstraße 53, 79219 Staufen, Tel. 0 76 33 / 8 05 36

Nach dem Aufenthalt in Staufen beginnt nun der Rückweg: stadtauswärts wie auf dem Hinweg, vor den Bahnschienen an Magdalenen-Kapelle/Gutleuthaus rechts auf den asphaltierten Weg durch die Felder.

24 km
25 km
An der **Abzweigung der Landstraße** ❾ rechts abbiegen nach **Ehrenstetten** ❿ (geradeaus gelangt man wieder nach Kirchhofen, von dort aus kann man auf dem gleichen Weg wie oben wieder nach Freiburg zurück abkürzen).

Die Höhlen der Rentierjäger am Ölberg aus der älteren Steinzeit sowie die Alemannengräber am Gebirgsrand des Schwarzwaldes sind Zeugen einer frühen Besiedelung **Ehrenstettens**, das erstmals im Jahr 1139 urkundlich erwähnt wurde. Am 10. August 1418 erhielt Ehrenstetten von Kaiser Sigismund das Jahrmarktrecht verliehen; alljährlich findet darum am 10. August der sogenannte Laurentiusmarkt statt.

Die ältesten Teile der St.-Georgs-Kirche stammen aus dem frühen Mittelalter. Sehenswert sind auch die außerhalb des Ortes stehenden Kapellen: Stracher-, Ölberg- und Schächerkapelle.

Ehrenstetten ist der Geburtsort des Malers, Bildhauers und Architekten Christian Wentzinger (1710–1797).

Info: Rathaus, Jengerstraße 6, 79238 Ehrenkirchen, Tel. 0 76 33 / 80 40.

In Ehrenstetten am Radwegende bei der Grundschule rechts abbiegen, über den Bach bis zur Landstraße, hier rechts herum Richtung Bollschweil (nach 100 m Radweg rechts).

27 km
In **Gütighofen** ⓫ an der Bushaltestelle geht es links zwischen den Höfen hindurch, ab hier erfolgt die Orientierung an den Wanderschildern mit dem roten Punkt Richtung Wittnau/Freiburg.

29 km
700 m am Waldrand entlang, am Wegende links herum, nach 100 m rechts in die *Kuckucksbadstraße* nach **Bollschweil** ⓬ (Ellighofen).

Sehenswert ist in **Bollschweil** die Kirche St. Ulrich. Im 11. Jh. stand hier eine Klosteranlage, deren Mönche sich Cluny verbunden fühlten. Heute steht nur noch die Propstei, die als Volkshochschule dient. 1739 wurden die barocken Gebäude der Kirche von Peter Thumb errichtet. Ein romanischer Taufstein, Stuckdekorationen und Fresken bereichern das Interieur.

In Bollschweil steht zudem das Vaterhaus der Dichterin Marie-Luise Kaschnitz (1901–1974), die Bollschweil in ihrer „Beschreibung eines Dorfes" ein literarisches Denkmal gesetzt hat.

Info: Rathaus, Hexentalstraße 56, 79283 Bollschweil, Tel. 0 76 33 / 9 51 00

Nach 600 m geht es links in den *Ölbergweg,* an der Ausstellungshalle links, an den Sportplätzen und am Elzberg vorbei nach **Sölden** ⓭.

31 km

Durch Sölden-Gaisbühl weiter geradeaus durch Reben bis nach **Wittnau** ⓮.

33 km

Geradeaus *(In den Haseln),* zwischen Ochsenhof und Gasthaus „Hirschen" rechts *(Schönbergstraße),* nach 200 m zweite Straße links *(Hembachweg),* bergab durch Felder nach **Au** ⓯ *(Oberer Hembachweg).*

34 km

In Au fährt man am Gasthaus „Adler-Burg" rechts bergab und biegt an der ersten Straße links in den *Ehrenmattenweg.* Von hier aus führt ein Radweg nach **Merzhausen** ⓰.

35 km

In Merzhausen den *Klingelackerweg* bergab fahren und die *Dorfstraße* bis zum Ende beim Rathaus nehmen. Hier links auf den Radweg nach Freiburg. In Freiburg an der großen Kreuzung rechts in die *Lorettostraße,* nach ca. 500 m links *(Talstraße)* zurück zur **St.-Johannes-Kirche**.

39 km

Zu den ungleichen Zwillingen
Von Neustadt über St. Märgen und St. Peter
nach Freiburg

Eine der wenigen Möglichkeiten, auf touristischer Fahrrad-Reise von Freiburg aus den Schwarzwald bequem zu erkunden, bietet diese Tour vom Bahnhof (Titisee-) Neustadt aus. Hierher gelangt man im Stundenrhythmus mit der bekannten Höllentalbahn von Freiburg aus.

Nach zunächst langsamem, später steilem Anstieg auf den über 1.000 Meter hohen Thurner belohnen sanfte, später auch steilere Abfahrten die Mühen des Radlers.

Außer den wundervollen Ausblicken auf Höhen und Täler, Wälder und Wiesen des Schwarzwaldes sind die ungleichen „Zwillingsorte" St. Märgen und St. Peter mit ihren barocken Kirchenanlagen die Höhepunkte dieser Tour.

Eine zunächst steile Abfahrt führt anschließend in das romantische Ibental und an der Dreisam entlang zurück zum Ausgangspunkt.

Start und Ziel:	*Hauptbahnhof Freiburg (Hinfahrt nach Neustadt mit der Bundesbahn)*
Streckenlänge:	*47 km*
Charakter:	*Ab Neustadt Landstraßen und asphaltierte ruhige Nebenstrecken, später Radwege und Schotterwege an der Deisam entlang.*
Wegweisung:	*Bis auf ein kurzes Stück Dreisamtal-Radwanderweg am Schluß: keine Rad-Wegweisung.*
Verkehrsverbindungen:	*Von Freiburg Hbf. Bundesbahn DB 727 (Höllentalbahn) über Wiehre, Littenweiler, Kirchzarten, Himmelreich, Hinterzarten, Titisee nach Neustadt, an allen Tagen stündlich um X.40 Uhr, mit Fahrradwagen; nach Neustadt außerdem SBG 7300 vom Feldberg aus, 7255, 7256, 7257 von Seebrugg, 7258 von Lenzkirch, 7259 von Löffingen, 7261 von St. Märgen; zum Thurner SBG 7216; von Hinterzarten nach St. Märgen und St. Peter SBG 7216; von Freiburg nach St. Peter/St. Märgen und zurück SBG 7216, durchs Glottertal SBG 7205.*
Verknüpfungs-möglichkeiten:	*Zur Rückfahrt Varianten möglich im Rahmen des Dreisamtal-Radwanderweges (Tour 12/ Dreisamtal und Tour 2/Schauinsland).*

Die Tour auf einen Blick

Nr.	km	Beschreibung
1	0	Nach der Bahnfahrt vom **Hbf. Freiburg** nach Neustadt Beginn der Tour am Bahnhof **Neustadt.** Über *Bahnhof-, Gutach-, Freiburger Straße* zur Landstraße Richtung Jostal.
2	7	Am **Josenhof/Bushalt Eckbach** links Richtung
3	9	Bruckbach bis zum **Dominikhof,** hier rechts Anstieg auf den
4	12	Thurner-Kamm. Über die **B 500** geradeaus Abfahrt nach
5	18	**St. Märgen.** Schnelle Abfahrt Richtung
6	24	St. Peter, vor dem Ort am **Thaddäushof** links hinab
7	25	ins Ortszentrum zum Kloster **St. Peter.** Von hier bergab ins Ibental,
8	34	über Hofacker, Wickendorf nach **Burg am Wald.**
9	35	Rechts durch die *Mühlenstraße,* geradeaus nach **Oberbirken,**
10	36	durch **Stegen** nach
11	37	**Zarten.** Ab hier Radweg
12	40	bis zum **Bahnübergang vor Neuhäuser.** Hier rechts, an der Dreisam entlang,
13	44	über **Ebnet** zurück zum
	47	Bahnhof **Freiburg.**

Ausgangspunkt der Tour ist der **Freiburger Bahnhof**, von wo aus der Radler tunlichst mit der Höllentalbahn (DB 727) den steilen Aufstieg nach Neustadt bewältigen sollte.

Auf der Fahrt durch das im Zentrum des Hochschwarzwalds am Fuße des 1.190 m hohen Hochfirst gelegene **Neustadt** ❶ fallen die Türme des neugotischen Münsters St. Jakobus ins Auge. Ein Besuch hier sowie ein Bummel durch die geschäftige Innenstadt mit großem Uhrenangebot lohnen.

Die Entstehung von Neustadt geht auf eine Gründung durch die Grafen von Fürstenberg um das Jahr 1250 zurück, welche die Siedlung zu ihrem Verwaltungs- und Zollzentrum werden ließen. Bereits 1275 wurde der Ort „Nova Civitas", später als „Neostadium" und „NewStatt", urkundlich erwähnt. Die von dichtem Waldgebiet umgebene Stadt wurde vor allem im 19. Jh. mehrmals Opfer verheerender Brände, die deren Ursprünglichkeit zerstörten; erhalten geblieben ist lediglich ein Teil des ehemaligen Jagdschlosses der Fürstenberger, das heute die Polizei beherbergt.

Info: Tourist-Information, Kurbüro Titisee, 79822 Titisee-Neustadt, Tel. 0 76 51 / 98 04 21; Kurbüro Neustadt, Tel. 0 76 51 / 20 62 50 - 52

In Neustadt verläßt man den Bahnhof durch den Hauptausgang, fährt auf der *Bahnhofstraße* links und direkt rechts herum bis zur *Gutachstraße.* Dieser nach links folgend durch ein Gewerbegebiet, an Schwimmbad und Jahnstadion vorbei geht's bis zur *B 31/Freiburger Straße.* Hier links auf den Radweg, dann am Okal-Werk rechts in die *Jostalstraße,* den Schildern nach Jostal/St. Peter nach.

7 km Nach langem ruhigem Anstieg auf der Landstaße am Bach Langenordnach entlang führt der Weg am **Josenhof/Bushalt Eckbach ❷** links ab *(Eckbachweg)* durch die Wiesen. (Kürzer und weniger anstrengend, aber viel verkehrsreicher und weniger schön ist der Weg geradeaus über die Landstraße, über die man ebenfalls die *B 500* und von dort die Thurner-Kreuzung erreicht.)

9 km Den Schildern nach Breitnau-Bruckbach folgend geht es über den Bach, zunächst rechts herum, dann links an einsamen Gehöften vorbei bis zum **Dominikhof ❸**. Hinter dem Gehöft rechts bergauf Richtung Thurner; nach wenigen Metern ist für Nichtsportler leider ca. 15 min Schieben angesagt, aber Stille, Ausblick und das Ziel des Thurner-Gipfels lohnen die Anstrengung. Am Holzhof erreicht man den höchsten Punkt der Tour (1.032 m), von hier an geht es leicht

12 km bergab zunächst bis zur **Thurner-Kapelle an der B 500 ❹** (nach links lohnt ein 200 m langer Abstecher zum Thurnerwirtshaus!).

Geradeaus und ein wenig rechts führt der Weg zur *B 500,* genau gegenüber beginnt die Straße, die weitgehend sanft hinab nach St. Märgen führt. Mit tollem Ausblick und langer Sicht auf die Kirchentürme, vorbei an einem kleinen Naturbadesee in der letzten

18 km Linkskurve, erreicht man den Ort **St. Märgen ❺** *(Feldbergstraße).*

Charakterisiert wird **St. Märgen** ebenso wie sein Nachbarort St. Peter durch die weithin sichtbaren Zwiebeltürme eines ehemaligen Klosters. Das 1118 von den Grafen von Haigerloch-Hohenberg gegründete Augustiner-Chorherrenstift und die dazugehörige Kirche waren so oft abgebrannt, daß die Mönche schon ins Freiburger Allerheiligenkloster umgezogen waren, als es im 18. und 19. Jh. zu Neubauten kam. Münchener und Freiburger Künstler renovierten auch noch zu Beginn dieses Jahrhunderts sehr aufwendig und erhielten dabei den ursprünglichen Charakter des Klosters.

Der gesamte Ort wird auch heute dominiert von der sehenswerten Kirchenanlage. In der Kirche findet man eine Anzahl von Plastiken von Matthias Faller; von besonderem Interesse ist das um 1100 gemalte Gnadenbild einer sitzenden Madonna, das den Mittelpunkt des Altars in der Marienkapelle bildet.

Einen Besuch wert ist auch die abseits des Ortes gelegene Judas-Thaddäus-Kapelle auf dem Ohmen. Dorthin führt ein kurzer Spaziergang an ehemals 14 Kreuzwegstationen vorbei.

Einkehrmöglichkeit bietet der traditionsreiche „Hirschen" (Feldbergstraße 9) mit bürgerlicher, badischer Küche und sonniger Terrasse; interessant sind auch die dort ausgestellten Originalstiche und -gemälde.

Info: Kurverwaltung (im Rathaus), Rathausplatz 1, 79274 St. Märgen, Tel. 0 76 69 / 91 18 17 und 91 18 18

Weiter geht es in der Ortsmitte von St. Märgen rechts herum *(Glottertalstraße); vorsichtige Blicke zurück nach St. Märgen lohnen. Auf der Schwarzwald-Panoramastraße an großen Gehöften, Gasthöfen und zahlreichen Aussichtspunkten vorbei geht der Weg – teilweise recht steil – bergab Richtung St. Peter.

Vor dem Ort am **Thaddäushof** ❻ links *(Zähringer Straße*; Schild „St. Peter"), von hier geradeaus abwärts und kurz rechts herum zum Klosterhof von **St. Peter** ❼.

24 km

25 km

Der Luftkurort **St. Peter** ist ein besonders sehenswerter Ort im Schwarzwald, der seinen ländlichen Charakter weitgehend bewahrt hat. Weithin sichtbar überragt ihn die doppeltürmige Barockkirche des ehemaligen Benediktinerklosters, die im Jahre 1093 vom Zähringer Herzog Bertold II. als Hauskloster und Grablege des gesamten Zähringer-Geschlechts gegründet worden war. Im Laufe der Jahrhunderte entstand um das Kloster herum der heutige Ort in einer Landschaft mit reizvoller Abwechslung aus Bergen und Tälern, Wald und Wiesen.

Die Klosteranlage als Gesamtwerk entstand nach mehreren Bränden im 18. Jh. unter dem kunstsinnigen Abt Ulrich Bürgi durch Zusammenwirken bedeutender Künstler: dem Vorarlberger Baumeister Peter Thumb lieferten Clerici die Stukkaturen, Feuchtmeyer die Skulpturen, Spiegler die Fresken, Wentzinger Taufbrunnen und Orgel sowie Matthias Faller die Schnitzereien. Besonderes Augenmerk verdient die imposante Klosterbibliothek. Der Rokoko-Raum gilt als der mit Abstand schönste der gesamten Breisgau- und Hochschwarzwald-Region.

Die Öffnungszeiten sind allerdings sehr eingeschränkt. Abtei und Bibliothek sind nur mit einstündiger Führung sonn- und feiertags 11.30 Uhr, Di + Mi 11 Uhr, Do 14.30 Uhr zu besichtigen, Gruppenführungen erfolgen nach Vereinbarung; die Kirche hingegen ist ständig geöffnet.

Info: Kurverwaltung (im Rathaus), Klosterhof 12, 79271 St. Peter, Tel. 0 76 60 / 91 02 24

Vom Kloster aus wieder ca. 200 m auf gleichem Wege zurück. An der Bushaltestelle rechts *(Roter Weg)* hinauf (Schild „Lindenberg"), die *Eichwaldstraße* geradeaus auf die zunächst steile Serpentinen-Abfahrt durch den Wald nach Ibental. (Von einer möglichen Rückfahrt von St. Peter nach Freiburg durch das Glottertal ist eher abzuraten, denn nach steiler Abfahrt auf der verkehrsreichen Straße erfordert auch die Strecke im Glottertal viel Konzentration. Wählt man dennoch diesen Weg, so ist zur Rückfahrt am Ausgang des Glottertals der Weg über Heuweiler [s. Tour 5] sinnvoll.)

Nach den engen Kurven wird die Straße auf Höhe der ersten Gehöfte breiter und heller und führt die ganze Zeit am Ibenbach entlang in das nach und nach sich öffnende Tal.

32 km   Ab **Hofacker** steht ein Radweg zur Verfügung.

34 km   Über Wickendorf führt der Weg weiter nach **Burg am Wald** ❽. (Ab hier folgt man abschnittweise der Beschilderung „Dreisamtal-Radwanderweg"). In Burg sofort rechts abbiegen *(Mühlenstraße)*, an

35 km   der Mühle vorbei am Waldrand entlang nach Stegen-**Oberbirken** ❾ *(Burger Straße)*.

In Oberbirken 1. Straße links, dann am Gasthaus „Sonne" rechts *(Im*

36 km   *Gäßle)*. Am Ende dieser Straße links nach **Stegen** ❿.

Durchs Neubaugebiet, über den Dorfplatz bis zur Hauptstraße *(Stegener Straße)*. Hier links auf den Radweg, am Ortsausgang vor

37 km   der Bushaltestelle rechts durch das Feld nach **Zarten** ⓫. Hier im Neubaugebiet links *(St.-Peter-Straße)* bis zur B 31. Diese geradeaus überqueren *(Inselstraße)* und der Straße folgen bis zur Dreisam (nach Überqueren der B 31 wieder „Dreisamtal-Radwanderweg"). Über die Holzbrücke, am Spielplatz rechts auf den wunderschönen *Radweg an der Dreisam* entlang, am Golfplatz vorbei bis zu den

40 km   Schienen. Vor dem **Bahnübergang** ⓬ rechts auf dem Schotterweg Richtung Freiburg fahren. (Auf halber Strecke in Höhe Littenweiler weist ein Schild „Dreisamtal-Radwanderweg" nach rechts über die Brücke. Hier lohnt ein Abstecher über die Dreisam zum Schloß

44 km   Ebnet, ansonsten direkt geradeaus weiterfahren.)

Wem der Sinn nach noch mehr Kunst steht, für den lohnt sich hier der Abstecher zu Schloß **Ebnet** ⓭ (s. S. 46).

St. Peter: barocke Pracht mitten im Schwarzwald (Tour 7)

Typischer Schwarzwaldhof nahe St. Peter (Tour 8)

Alternativen am Wegesrand: Badeseen (hier bei Teningen)...

...und Gartenwirtschaften (hier Feierling in Freiburg)

Immer auf der linken Dreisamseite an Schwimmbad und Stadion vorbei (später *Horchweg, Hindenburgstraße*) bis zur Brauerei „Ganter". Hier geht es über die Fabrikstaße geradeaus auf den Radweg direkt an der Dreisam; ca. 400 m nach der schmalen „Tunnel"-Durchfahrt an der dritten folgenden Brücke *(Kronenbrücke)* links hinauf, rechts herum über die Brücke, die *Schreiberstraße* überqueren, dem *Werderring* folgen bis zur nächsten Kreuzung an der Universität. Hier links in die *Belfortstraße,* 2. rechts in die *Wilhelmstraße.* Am Ende der Straße rechts erreicht man wieder den **Bahnhof Freiburg**.

47 km

Durch die March
Der nördliche Breisgau-Radweg
über Nimburg und Vörstetten

Der Rundweg von Freiburg nach Riegel und von dort über Bahlingen, Nimburg und Vörstetten wieder zurück nach Freiburg führt durch die Landschaft, die der gesamten Region ihren Namen gab: die Breisgauer Bucht. Nach der Anreise zum nördlichen Kaiserstuhleck Riegel geht es durch die Niederungen der Bucht um die March herum in den Westen der Breisgau-Metropole. Landschaftlich reizvoll und sehr erholsam ist besonders die Fahrt durch die Laub- und Mooswälder rund um Reute und Nimburg, Reste früherer Flußauenwälder. Der Blick schweift hier ständig zwischen Schwarzwald zur linken und Kaiserstuhl zur rechten Seite hin und her. Aus der Reihe der Dörfer, die unterwegs zum Aufenthalt einladen, ist Vörstetten mit seiner großen Zahl bäuerlicher Fachwerkhäuser besonders erwähnenswert.

Die Anreise nach Riegel ist hier über einen sehr schönen Weg durch die March erläutert, kann aber auch per Bahn erfolgen, so daß man den hier beschriebenen nördlichen Teil des ausgeschilderten Breisgau-Radwanderweges auch von dort aus starten kann (die südwestliche Teilstrecke findet bei Tour 3/Freiburg–Breisach Berücksichtigung).

Start und Ziel:	*Freiburg, St.-Johannes-Kirche am Dreisamufer (alternativ: Rathaus in Riegel)*
Streckenlänge:	*64 km*
Charakter:	*Asphaltierte Nebenstrecken und sehr gute Waldwege; in den Ortschaften Nebenstrecken oder Radwege.*
Wegweisung:	*Streckenweise Breisgau-Radweg*
Verkehrsverbindungen:	*Freiburg–Hugstetten DB 729, Schmitt (ab Landwasser, Endhaltestelle VAG 1) 295, 297, 299; Freiburg–Nimburg SBG 7211, 7212; Riegel SWEG 101 über Bahlingen, Eichstetten, Bötzingen nach Gottenheim; Buslinie 295 von Vogtsburg/Burkheim über Bötzingen, March nach Moosweiher/Landwasser; Freiburg–Vörstetten Binninger 201; von Emmendingen 202; von Denzlingen 203; von Wildtal 204; Freiburg–Landwasser–Eichstetten Schmitt 297, 299; von Gottenheim SWEG 101; von Sasbach SWEG 105.*
Verknüpfungsmöglichkeiten:	*Ab Riegel mit Tour 11/Dreisam-Elz, Tour 13/Kaiserstuhl; ab Gundelfingen mit Tour 5.*

Die Tour auf einen Blick

Nr.	km	Beschreibung
		Start an der **St.-Johannes-Kirche** in Freiburg. Am linken Dreisamufer flußabwärts bis zur
1	5	**Breisgau-Brücke.** Hier rechts auf den Radweg an der *Ziegelhofstraße,* unter der Autobahn hindurch, rechts parallel zur Autobahn bis zur *K 4978,* hier links, vor den Schienen wieder links nach
2	10	**Hugstetten.** Rechts herum an der *Landstraße 116*
3	11	entlang durch **Buchheim**
4	12	nach **Neuershausen,** hier
5	17	rechts durch die Felder nach **Nimburg.** Durch den Ort, auf dem Radweg links,
6	18	an der **Gabelung** geradeaus durch die Felder bis zur *K 5140,* hier über die Brücke und geradeaus Richtung Bahlingen.
7	27	Am Ortseingang rechts am Dreisam-Damm entlang nach **Riegel.** In Riegel um den Michaelsberg herum,
8	33	asphaltierter Weg nach **Bahlingen** (Bhf.). Durch den Ort und durch die Felder bis Bhf. Nimburg,
		links herum nach Nimburg. Rechts in und durch den Ort, an der
9	38	**Bushaltestelle Kronenplatz** links, durch den Wald *(Feuerbuckweg)* bis kurz vor
10	43	**Reute.** Links herum am Ort vorbei, durch den Wald
11	47	nach **Vörstetten.** Durch den Ort, durch den Wald *(Obere Schwarzschachen)*
12	57	zum **Bhf. Freiburg-West.** Über *Wirthstraße, Elsässer Straße* und *Im Rehwinkel* bis zur
13	60	**Gaskugel** an der Dreisam. Hier auf der gegenüberliegenden Flußseite zurück in die Innenstadt
	64	zur **St.-Johannes-Kirche.**

Die Tour beginnt am **Dreisamufer an der St.-Johannes-Kirche**. Von hier aus geht es auf der linken Dreisamseite flußabwärts auf dem schönen Radweg an der Dreisam entlang, unter den verschiedenen innerstädtischen Straßen- und Eisenbahnbrücken hindurch, auf und hinter dem Damm bis zur sommers geraniengeschmückten **Breisgau-Brücke ❶**. Dort erfolgt ein Wechsel auf die andere (Lehener) Flußseite, und es geht links weiter auf dem Radweg an der *Ziegelhofstraße* entlang. Dem Radweg auch am Spielplatz vorbei auf dem Damm folgen bis zur Autobahnbrücke. Unter dieser hindurch, dann rechts auf den Asphaltweg parallel zur Autobahn durch die Felder, später am Wald entlang Richtung Hochdorf.

5 km

Am Ende des Weges links auf den Radweg an der Landstraße *(K 4978)* entlang, vor den Schienen am Bahnübergang links, an der Bahnlinie entlang nach **Hugstetten ❷**.

10 km

11 km

An der Tennishalle vorbei durch das kleine Gewerbegebiet, dann am Bahnhof (Einkehr lohnt) vorbei geradeaus *(Industriestraße,* später *Im Bennenstein).* Die Straße stößt auf die *L 116.* Hier geht es rechts herum auf den Radweg, über die Schienen nach **Buchheim** ❸.

Buchheim ist das geographische Zentrum der Gemeinde March und wohl auch das älteste Marchdorf (769 erstmals urkundlich erwähnt). 1759 ließ Carl Alexander von Stürtzel das spätmittelalterliche Schloß abreißen und ein neues errichten. Die Pfarrkirche ist auf spätestens 1230 datiert und wurde 1586 umgebaut, später mehrmals renoviert (1881, 1950, 1958); aus dem 16. Jh. stammen noch der Chor und das Tauffundament.

Info: Bürgermeisteramt March, Am Felsenkeller 2, 79232 March, Tel. 0 76 65 / 42 20, Fax 4 22 25

12 km

 Auf der Hauptstraße durch den Ort, ab Ortsausgang Radweg nach **Neuershausen** ❹.

Neuershausen geht noch auf eine fränkische Gründung zurück, wird jedoch erstmals im Lorscher Codex von 789 erwähnt. Zu Beginn des 19. Jh. war Neuershausen das größte Dorf der March, mit Porzellanindustrie und Tabakanbau.

In der Dorfmitte liegt die Barockkirche, links davon das Rathaus, etwas zurückgesetzt das alte Schulhaus. 1758 wurde die alte, kriegsbeschädigte Kirche abgerissen. Die dann erbaute St.-Vicentius-Kirche hat ihren Charakter bis heute weitgehend bewahrt. Das Schmuckstück wurde von bekannten einheimischen Künstlern gestaltet und zu Beginn der 70er Jahre renoviert.

Das „vordere Schloß" aus dem 15. Jh. wurde abgerissen und 1782 durch einen Neubau ersetzt. Die heutigen Bewohner, die Freiherren Marschall von Biebersheim, sind die Nachkommen der Erbauerin. Der Rankenhof im Zentrum wurde nach einem mittelalterlichen Freiburger Rittergeschlecht benannt und gehört bis heute der zweiten wichtigen Grundherrschaft im Ort, der Familie Rinck von Baldenstein.

Ab Neuershausen führt die Rad-Tour durch ein Naturschutzgebiet, ein gut erhaltenes Auenwaldgebiet, in dem eine große Kolonie Graureiher beheimatet ist. Außerdem kann man Hohlwege entdecken, die typisch sind für den Nimberg und eine einzigartige Tier- und Pflanzenwelt bergen.

Info: Bürgermeisteramt March, Am Felsenkeller 2, 79232 March, Tel. 0 76 65 / 42 20, Fax 4 22 45

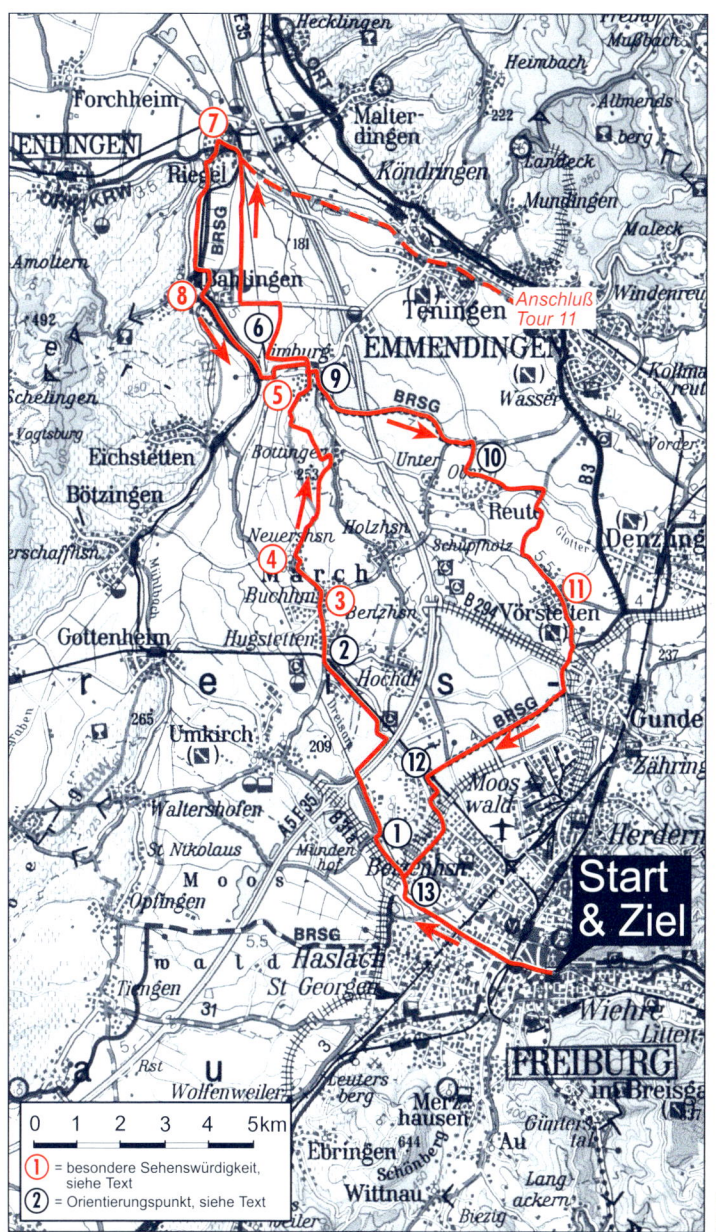

Anschluß
Tour 11

Start
& Ziel

① = besondere Sehenswürdigkeit,
siehe Text
② = Orientierungspunkt, siehe Text

0 1 2 3 4 5km

In Neuershausen am Ortseingang/Spielplatz rechts (Schild „Radweg"), durch *Buchenbühlweg, Häglestraße,* am Friedhof links abbiegen *(Kapellenweg),* nach ca. 200 m rechts *(Rathausstraße)* aus Neuershausen heraus, auf asphaltierter schöner Nebenstrecke (gelber Pfeil auf der Fahrbahn) Richtung Nimburg. Ein kurzes Stück Weges geht es auf einem engen Feldweg durch Maisfelder (ca. 2,5 km hinter Neuershausen); links liegen der gut erhaltene Mooswald, rechts Ausläufer des Marchhügels und an einem der Hänge die Bergkirche. Weiter geht es auf dem asphaltierten Wirtschaftsweg

17 km nach **Nimburg** ❺.

Die erste urkundliche Erwähnung **Nimburgs** erfolgte im Jahre 1052. Zusammen mit Ködringen, Heimbach und Bottingen ist Nimburg seit der Gemeindereform Teil der Gesamtgemeinde Teningen. Südlich des Ortes erhebt sich ein Hügel, auf dem einstmals das Schloß der Grafen von Nimburg stand. Die Kirche in Nimburg wurde 1456 für das Antoniterkloster errichtet und erfuhr im 18. Jh. tiefgreifende barocke Umgestaltungen.

Während der Fahrt durch den Ort stößt man auf zahlreiche sehenswerte Fachwerkhäuser; die massiven Steinbauten stammen mit ihren Sandstein-Torbögen und ihren Fußgängerpforten zumeist aus dem 18. Jh.

Info: Rathaus Teningen, Riegeler Straße, 79331 Teningen, Tel. 0 76 41 / 5 80 60

In Nimburg durch die *Antoniterstraße,* am Straßenende links *(Langstraße)* hinunter, an Fachwerkhäusern vorbei in die Ortsmitte zum Rathaus. Hier rechts in die *Breisacher Straße,* am Brunnen wieder links zur *Landstraße 114,* diese überqueren, auf dem Radweg links Richtung Bahlingen (kurzzeitig Breisgau-Radweg). An der **Rad-**

18 km **wegegabelung** ❻ geradeaus (nicht Breisgau-Radweg) durch die Felder bis zur *Kreisstraße 5140.* Hier links, über die kleine Brücke weiter die Landstraße fahren Richtung Bahlingen, über die Dreisam, dann auf den Radweg am Wegekreuz/Spielplatz rechts, auf langem asphaltierten Weg am Dreisamdamm entlang, an zwei kleinen Seen vorbei nach Riegel. Hinter der weithin sichtbaren Brauerei links

27 km herum ins Zentrum bis zum Rathaus **Riegel** ❼.

In **Riegel**, an der engsten Stelle der Breisgauer Bucht und am Zusammenfluß von Elz, Glotter und Dreisam, hinterließen die Römer Keramiken und ein Heiligtum des Gottes Mithras. Im Ort zieht die

1742–48 erbaute, mehrfach zerstörte und nach 1945 wiedererrich-
tete barocke St.-Martin-Kirche die Blicke auf sich, ebenso das Rathaus, das Schloß des Freiherrn von Garnier (1863) und die Michaelskapelle aus dem 15. Jh. (etwas außerhalb). Die Bauten im Stile des
barocken Historismus, die die frühere Riegeler Brauerei als „Meyer-
höfe" hier und an anderen Orten Badens errichten ließ, nehmen
eine kulturgeschichtliche Sonderstellung ein.

Info: Verkehrsamt (im Rathaus), Hauptstraße 31, 79359 Riegel,
Tel. 0 76 42 / 90 44 16, Fax 90 44 26

Das Rathaus in Riegel ist, je nach Anreise, Start- oder Wendepunkt der Tour durch Breisgau und March.

Es geht nun links am Rathaus vorbei *(Kehnerstraße)* in Richtung
Michaelskapelle, über das Kindergartengelände bis zur *Hauptstraße.*
Hier links abbiegen, an der *Bergstraße* links auf den Radweg, an der
großen Abzweigung links herum weiter auf dem Radweg, nach
ca. 500 m links in den asphaltierten Weg durch die Felder nach   *33 km*
Bahlingen 8 *(Bahnhofstraße).*

Über **Bahlingen** erhebt sich die Kirche, an Bauart und Standort
als uralte Wehrkirche zu erkennen, in die sich die Bevölkerung bei
Gefahr retten konnte. Sie ist eine der ältesten Kirchen des Kaiserstuhls, bauliche Details gehen bis zur Romantik zurück. Das Rathaus
ist ein Fachwerkbau aus dem Jahre 1550, weitere Fachwerkhäuser
(1723–1816 erbaut) finden sich in der Kapellenstraße.

Ein Wahrzeichen Bahlingens ist der „Hoselips", ein Männchen, be-
kleidet mit Weinblättern und dem Bacchus ähnlich, das mit empor-
gehobenem Weinglas die Besucher begrüßt (Stadtführung wird angeboten).

Info: Bürgermeisteramt, 79353 Bahlingen,
Tel. 0 76 63 / 93 31- 0, Fax - 30

In Bahlingen hinter dem Bahnhof links, vor den Schienen
sofort rechts, dann links abbiegen *(Hirschmatten).* Am Ende
der Straße geht es links *(Teninger Straße)* über die Brücke, danach
sofort rechts *(Stadenweg),* am Kaiserstuhl-Stadion vorbei und wieder
links abbiegen *(Unter Stad).* Den beiden Rechtskurven folgen, dann
links abbiegen, durch die Felder bis zum Bahnhaltepunkt Nimburg.
Hier links abbiegen, über die alte Stahlbrücke, hinter der Bücke links
auf den Radweg nach **Nimburg 5** (Hinweise siehe Hinweg-Be-   *37 km*
schreibung).

38 km Am Abzweig von der *Landstraße 114* in den Ort rechts nach Nimburg abbiegen. Geradeaus durch *Breisacher* und *Böttinger Straße,* an der **Bushaltestelle Kronenplatz** ❾ links abbiegen, über die kleine Brücke, rechts am Fußballplatz und später am Grillplatz vorbei, über die Autobahnbrücke auf den langen und sehr schönen Waldweg *(Feuerbuckweg)* immer geradeaus Richtung Reute.

43 km Am ersten Bauernhof rechts über die Brücke auf **Reute** ❿ zu, 200 m vor dem Ort links herum auf den Schwarzwald zu, über die *Emmendinger Straße* hinweg, geradeaus am Ortsrand entlang, wieder in den Wald.

Im Wald am Abzweig rechts herum Richtung Vörstetten/Freiburg. Am Ausgang des Waldes rechts abbiegen, sofort wieder links, durch

47 km die Felder nach **Vörstetten** ⓫ (*Breisacher,* später *Freiburger Straße*).

Vörstetten bezeichnet sich als das „Dorf der Fachwerkhäuser und der Obstbäume" und bietet seinen Besuchern einen ganz eigenen Charme.

Im Dorf nördlich der Freiburger Gemarkung führen alle Wege zu Kirche und „Sonne" in der Ortsmitte. Der Gasthof „Sonne" bietet eine sehr gemütliche Atmosphäre und schmackhafte Badische Küche ohne viel Schnickschnack.

Wenn in der „Sonne" alle Plätze besetzt sind, kann man in den „Löwen" gleich um die Ecke ausweichen.

„Sonne", Freiburger Straße 4, Tel. 0 76 66 / 23 26,
geöffnet tägl. 8–14 Uhr, Mo Ruhetag

„Löwen", Marchstraße 2, Tel. 0 76 66 / 30 90,
geöffnet 16–24 Uhr, Küche ab 17 Uhr

Info: Rathaus, 79279 Vörstetten, Tel. 0 76 66 / 60 41

52 km Geradeaus durch Vörstetten fahren, am Ortsausgang rechts auf den Radweg. Vor der *Überführung über die L 294* rechts halten, es geht zunächst parallel zur Landstraße, dann unter der Straße hindurch links Richtung Gundelfingen/Wildtal (rechts herum alternativ nach Freiburg über Hochdorf). Weiter parallel zur Landstraße, dann rechts von der Straße weg, über die kleine Holzbrücke geradeaus in den Wald. Den schönen Waldweg *Obere Schwarz-*

57 km *schachen* immer geradeaus fahren, über die Brücke weiter bis zum **Bahnhof Freiburg-West** ⓬.

Am Ende des Waldweges links *(Wirthstraße)*, an Diakoniekranken-
haus und Telekom vorbei (Schilder „Breisgau-Radweg"/„Stadtmitte")
zur *Elsässer Straße*, auf der anderen Straßenseite auf dem Radweg
links, unter der *Paduaallee* hindurch, erste Straße rechts *(Im Reh-
winkel)*, immer parallel zur *Paduaallee* bis zur weithin sichtbaren
Gaskugel ⓭. Von hier aus auf der Brücke über die Dreisam, am   *60 km*
gegenüberliegenden Ufer links zurück zur **St.-Johannes-Kirche**   *64 km*
(oder vorher ab Richtung Innenstadt, je nach Bedarf).

Tuniberg-Reben-Tour
Auf dem Tuniberghöhenweg von Munzingen
nach Gottenheim

Die Tour von Freiburg über den Tuniberg zurück in die Breisgaumetropole gliedert sich in drei Teile: den flachen Weg zum Tuniberg, den Weg über die Tuniberg-Höhen von Munzingen im Süden nach Gottenheim im Norden und zum Abschluß den flachen Rückweg über das Tiergehege Mundenhof. Der Tuniberghöhenweg erfordert vom Radler eine gute Kondition und für die kurzen Anstiege stramme Waden. Doch die Anstrengung lohnt sich, denn die herrlichen Ausblicke auf Schwarzwald, Kaiserstuhl, Vogesen und Rheintal sind mehr als genügende Belohnung.

Am schönsten ist diese Tour über die Winzerwege im Frühjahr und Herbst, wenn man bei angenehmen Temperaturen durch die Reben und die Auenlandschaft radelt.

Der Tuniberg ist ein für den Weinbau terrassierter zehn Kilometer langer (von Süd nach Nord gemessen) Höhenrücken im Westen Freiburgs. Der Name „Tuni" kommt aus dem Keltischen und bedeutet Zaun. Der Tuniberg erhebt sich vor allem an seinem steilen Westrand bis zu ca. 100 m aus der Niederung, während er auf seiner Ostseite nur wenig aus der Ebene der Freiburger Bucht aufragt. Er gehört zu den aus mesozoischen Sedimentgesteinen aufgebauten Hügeln der äußeren Vorbergzone, wie die meisten dieser Hügel weist er eine Lößüberdeckung auf. Klima und Boden haben von alters her den Weinbau begünstigt, der weite Teile des Tunibergs überzieht und derzeit eine Fläche von ca. 1.100 ha einnimmt (je zur Hälfte Rot- und Weißweinsorten).

Start und Ziel:	*Kirche St. Georg in Freiburg-St. Georgen*
Streckenlänge:	*38 km*
Charakter:	*Überwiegend Radwege und Winzerwege durch die Reben, ruhige Nebenstrecken, kurze Waldwege und einige verkehrsreichere Ortsdurchfahrten.*
Wegweisung:	*Ab Munzingen Tuniberghöhenweg bis Gottenheim, hier ein Stück Kaiserstuhl-Radwanderweg, zum Schluß Beschilderung „Mundenhof", „Schlatthöfe" und „Eugen-Keidel-Bad".*
Verkehrsverbindungen:	*Von Freiburg, Munzinger Straße VAG Buslinien 33 und 35 über Tiengen bis Munzingen; R.A.S.T. 241 bis Munzingen; DB 729 Freiburg–*

*Breisach; von Gottenheim SWEG über Eich-
stetten und Riegel nach Endingen; Buslinie 7211
über Umkirch nach Freiburg ZOB; VAG Bus 19
vom Mundenhof über Lehen nach Freiburg,
Paduaallee (nur sonn- und feiertags).*

**Verknüpfungs-
möglichkeiten:**

*Ab Munzingen und Niederrimsingen
Tour 4/Bad Krozingen.*

Die Tour auf einen Blick

Nr.	km	Beschreibung
		Von der **Kirche St. Georg in Freiburg-St. Georgen** *(Basler Landstraße)* auf dem Radweg an der B 31
1	6	entlang über **Tiengen** nach
2	8	**Munzingen.** Am Schloß rechts den Berg
3	10	hinauf zur **Erentrudiskapelle.**
4	15	Von hier aus dem Tuniberghöhenweg folgen bis zum **Rastplatz Attilafelsen.**
		Rechts bergan auf dem Tuniberg-Kamm bis zur Kapelle am Ostrand von
5	18,5	**Merdingen.**
		Rechts Landstraße Richtung Wippertskirch, nach 200 m links
6	23	Tuniberghöhenweg nach **Gottenheim** *(Tunibergstraße).*
7	28	Rechts auf der *Hauptstraße* durch den Ort, über die Landstraße nach **Umkirch.**
		Kurze Ortsdurchfahrt Richtung Freiburg, rechts in den *Mundenhofer Weg,* durch die Felder zum
8	30	**Mundenhof.**
		Geradeaus durch das Mundenhof-Gelände und durch den Moos-wald, über die
9	33	**Landstraße** Richtung Schlatthöfe, Schlatthofweg bis Eugen-Keidel-Bad. Rechts zur Landstraße (B 31), links auf dem Radweg zurück zur
	38	**Kirche in St. Georgen.**

Start ist an der **Kirche in Freiburg-St. Georgen** (dorthin
stadtauswärts z. B. den Radweg an der *Basler-/Basler Landstraße*
entlang nutzen, am Gewerbegebiet Haid/real-Markt *Besançonallee* links
nach St. Georgen, *Basler Landstraße* rechts zur Kirche St. Georg).

Von der Kirche aus der *Basler Landstraße* und dann rechts der *Tiengener
Straße* folgen, rechts auf den Radweg Richtung Tiengen/Breisach. Am
Friedhof vorbei, über die Landstraße *B 3/31* hinweg (nach der Überführung in der Abfahrt rechts, durch die Unterführung, dann direkt
links), Radweg parallel zur B 31, über die Autobahn nach **Tiengen ❶**.

6 km

Sehenswert im 888 erstmals urkundlich erwähnten **Tiengen** die evangelische Pfarrkirche mit repräsentativem Pfarrhaus sowie einige alte Fachwerk- und Steinhäuser (s. S. 58).

Ab der Tuniberg-Halle geht es durch die schmale, verkehrsreiche Ortsdurchfahrt *(Freiburger Landstraße)*, am Ortsausgang links *(Hinter den Gärten)* auf den Radweg durch die Maisfelder nach **Munzingen** ❷.

8 km

In **Munzingen**, dem südlichsten Freiburger Vorort, finden sich Reste von gleich drei Herrensitzen (s. S. 57).

Fahrt durch den Ort *(St.-Erentrudis-Straße)* bis zum Turm des ehemaligen Wasserschlosses/Kirche, hier am Parkplatz rechts den Berg hinauf *(Schloßbuck)*, am Schloß vorbei den Berg hinauf zur Erentrudiskapelle: an der Gabelung rechts (dem *Radweg R 8 b*, dem Wanderschild „Gelber Punkt"/„F2" folgen), dann links den Berg hinauf, den provisorischen Schildern nach mit kräftigem Pedaltreten zur **Erentrudiskapelle** ❸.

10 km

Einer der schönsten Aussichtspunkte des Breisgaus ist die **Erentrudiskapelle** hoch über der Ebene. Bezeugt ist eine Kapelle bereits in der 2. Hälfte des 16. Jh. Diese wurde 1666 erweitert. Nach schwerer Beschädigung begann 1714 der Wiederaufbau, 1750/52 wurde die Kapelle renoviert. Matthias Faller, der bedeutendste Bildhauer des Schwarzwälder Rokoko, fertigte die Altardekoration. Seine Erentrudis- und Trudpertstatuen finden sich im Freiburger Augustinermuseum. Während des 19. Jh. zerfiel die Kapelle zusehends, 1877 begann eine gründliche Instandsetzung.

Von der Kapelle zurück an der Wegekreuzung, fährt man dem Gelben Punkt folgend schräg links auf den „Tunibeghöhenweg". Diesem folgt man auf dem Kamm des Tunibergs bis an sein nördliches Ende in Gottenheim.

Die Schilder „Tuniberghöhenweg" und die weißen Pfeile auf der Fahrbahn weisen von nun an den Weg. Meist geht es geradeaus auf dem jeweils breitesten Weg, den verführerischen Abfahrten, z. B. nach Ober- oder Niederrimsingen, folgt man nicht. An der großen Wanderkarten-Tafel geht's rechts weiter, später am Abzweig Richtung Tiengen biegt man links ab (Tuniberghöhenweg). Danach Richtung Niederrimsingen, an der nächsten Wegekreuzung führt der

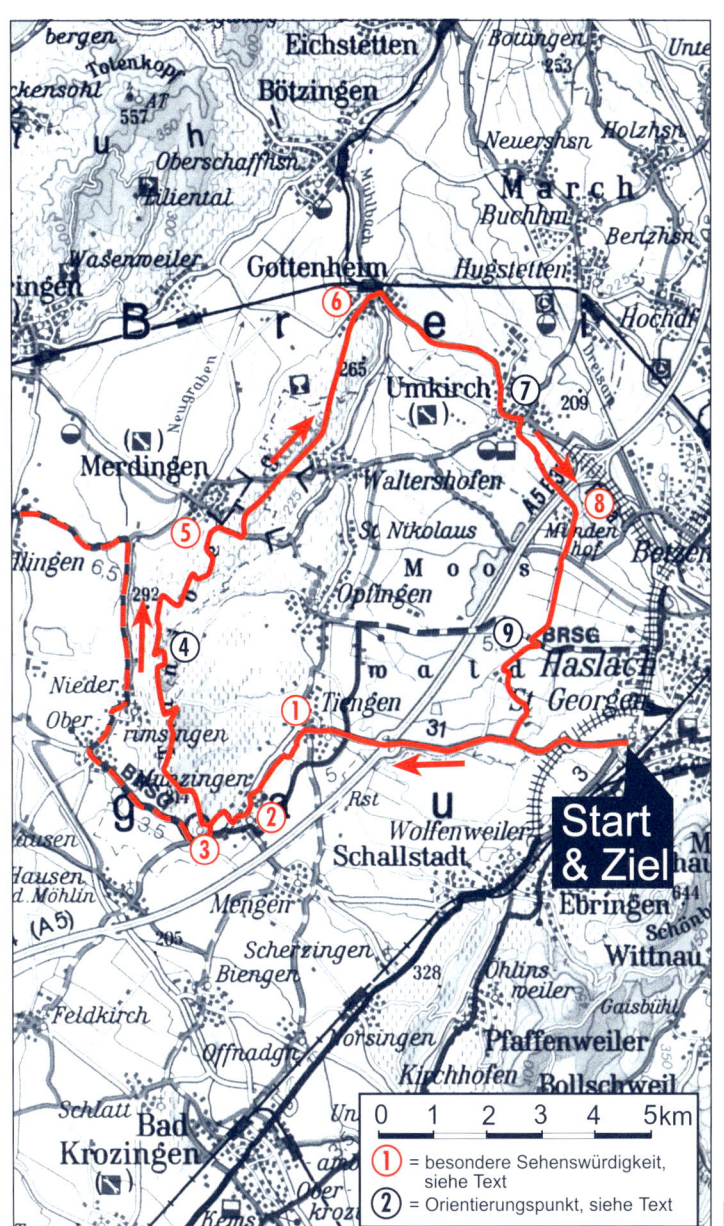

① = besondere Sehenswürdigkeit,
siehe Text

② = Orientierungspunkt, siehe Text

0 1 2 3 4 5km

15 km

Weg rechts steil bergan Richtung Attilafelsen (links tolle Aussicht und schöner Rastplatz). An der nächsten großen Gabelung links herum zum **Rastplatz Attilafelsen** ❹.

Der hier überlieferten Sage nach sei Hunnenkönig Attila im Kampf gegen die Germanen in der Nähe des Tunibergs gestorben und auf Niederrimsinger Gebiet in einem goldenen Sarg beerdigt worden.

Ein Aprilscherz des damaligen Vorsitzenden der Winzergenossenschaft Niederrimsingen wurde ernstgenommen, eine Reblage mit „Attilafelsen" benannt. Unterhalb dieses Felsens soll der Sage nach der Hunnenkönig begraben liegen. Ihm wurde vor der Mehrzweckhalle sogar ein Denkmal gesetzt.

18 km

Rechts um die Wiese herum weiter auf dem Tuniberghöhenweg, an der nächsten großen Kreuzung *(Hubschrauber-H auf der Fahrbahn)* rechts abbiegen, an der nächsten Wegekreuzung links (Tuniberghöhenweg) Richtung Merdingen bergab bis zur Kapelle am Ostrand von **Merdingen** ❺.

In **Merdingen,** der Wahlheimat des Tour-de-France-Helden Jan Ullrich, sind besonders sehenswert die spätbarocke Pfarrkirche sowie der Dorfplatz mit Stockbrunnen und alten Gasthöfen („Pfau", „Sonne", „Pflug"). Das Haus „Saladin" von 1666 in der Langgasse gilt bei Kunsthistorikern als das schönste Tuniberg-Fachwerkhaus (s. S. 50).

Info: Bürgermeisteramt, Kirchgasse 2, 79291 Merdingen, Tel. 0 76 68 / 2 12, Fax 9 42 59

23 km

Rechts um die Kapelle herum den kurzen steilen Anstieg Richtung Wippertskirch nehmen, oben angekommen links herum, auf dem asphaltierten Tuniberghöhenweg weitgehend geradeaus nach **Gottenheim** ❻ fahren *(Tunibergstraße).*

Hier finden sich drei römische Siedlungsplätze. Die erste schriftliche Erwähnung von **Gottenheim** ist auf 1086 datiert. Nach 1465 errichtete man im Ort an der Stelle, an der die Kapelle stand, die Dorfkirche. Der 30jährige Krieg richtete schwere Schäden an, das Langhaus der Kirche wurde zerstört und durch ein neues ersetzt. Außer dem barocken Taufstein blieb eine Reihe interessanter Statuen aus dem 18. Jh. erhalten, darunter eine spätgotische Träubelesmadonna (das genaue Gegenstück dazu ist in Oberrimsingen zu sehen).

Das Ortsbild wird dominiert vom Gasthaus „Adler" an der Hauptstraße, einem barocken Vierseitenhof mit der Jahreszahl 1730 am Torbogen; ursprünglich diente der Hof den Herren von Wittenbach als Amtshaus. Zu Beginn des 19. Jh. war es Rathaus, bis 1850 das Staffelgiebelhaus an der Hauptstraße die Gemeindeverwaltung aufnahm.

Info: Bürgermeisteramt, Hauptstraße 23, 79288 Gottenheim,
Tel. 0 76 65 / 9 81 10, Fax 98 11 40.

Man folgt der *Tunibergstraße* bergab ins Zentrum, hier geht es rechts auf der *Hauptstraße* weiter, über die große Kreuzung hinweg auf die verkehrsreiche *Landstraße Richtung Umkirch.*

Man erreicht **Umkirch ❼** und fährt über die *Gottenheimer,* später *Hauptstraße,* Richtung Freiburg. *28 km*

Vor dem Abzweig nach March rechts in den *Mundenhofer Weg* (Schild „Sportzentrum"/„Schulzentrum)"; den Schildern „Mundenhof" folgen, an den Sportplätzen links auf den Weg durch die Felder zum Tiergehege **Mundenhof ❽**. *30 km*

Das großzügig angelegte **Tiergehege Mundenhof** hat zwar keine „wilden" Tiere zu bieten, doch es erfreut sich nicht nur wegen des freien Eintritts großer Beliebtheit. Schottische Hochlandrinder, Zebus, Kamele, Wisente und Watussis sind hier die Attraktionen.

Das naturbelassene Tierschaugelände hat Geschichte: Bereits im Jahr 864 wurde der Mundenhof erstmals urkundlich erwähnt. 1889 kaufte die Stadt Freiburg das Gelände, seit 1891 flossen auf das hier angelegte Rieselfeld die Abwässer der Stadt.

Anziehungspunkte außer den Tieren sind das Kinderkarussell und schöne Picknickstellen.

Info: Mundenhof, Freiburg-Lehen, Tel. 07 61 / 2 01 - 65 80.

Durch das Mundenhof-Gelände führt der Weg immer geradeaus durch den Wald bis zur **Landstraße Opfingen-Freiburg ❾**. *33 km*

Auf dem gegenüberliegenden Radweg links herum, nach 200 m rechts *(Schlatthofstraße)* durch den Wald, an den Schlatthöfen vorbei, rechts *(Schlattweg)* bis zum Eugen-Keidel-Bad. Hier rechts herum bis zum *Radweg an der B 31,* wieder rechts herum zurück nach St. Georgen abbiegen, durch Unter- und Überführung zurück zur **St.-Georg-Kirche**. *38 km*

Dreisam-Elz-Tour
Auf Uferdämmen zwei Flüsse er-fahren

Ein Weg – zwei Flüsse: so läßt sich in kürzester Form die Radtour von Freiburg an Dreisam und Elz entlang über Riegel und Emmendingen wieder zurück nach Freiburg charakterisieren. Beide Flüsse, einstmals wild und wegen ihrer Hochwasser gefürchtet, inzwischen aber begradigt und in allzu feste Bahnen gezwängt, laden ein als ideale Radelstrecke. Beide Male führt die Strecke überwiegend auf den Uferdämmen unmittelbar am Fluß entlang, was attraktives Fahren und schöne Aussichten ermöglicht. Und beide Male laden sowohl die Flüsse und ihre grünen Uferwiesen als auch – besonders entlang der Elz – die Baggerseen und Freibäder zu Rast und Erfrischung ein.

Start:	*Freiburg, St.-Johannes-Kirche am Dreisamufer*
Ziel:	*Freiburg Hauptbahnhof*
Streckenlänge:	*60 km*
Charakter:	*An Dreisam und Elz entlang eigens angelegte, sehr schöne Radwege, ausschließlich flach.*
Wegweisung:	*Ab Ortsende Freiburg Dreisam-Radweg; ab Eichstetten Breisgau-Radwanderweg; ab Riegel Elzdamm-Radwanderweg bzw. Europaweg Villé – Elzach; ab Buchholz Elztal-Radweg zurück nach Freiburg.*
Verkehrsverbindungen:	*Freiburg – Riegel SWEG 101 von Gottenheim (bis hierher DB 729); SWEG 102 Emmendingen – Bahlingen – Riegel; Freiburg – Teningen SBG 7200; SWEG 8 CityBus Emmendingen – Teningen; SWEG 105 Endingen – Riegel – Bahlingen – Teningen; Freiburg – Emmendingen DB 702; SBG 7200; SWEG 8, 105.*
Verknüpfungs-möglichkeiten:	*In Riegel an Tour 13/Kaiserstuhl; in Höhe Nimburg an Tour 9/March; in Buchholz an Tour 5/Elztal.*

Das alte Rathaus mit Kirche in Merdingen (Tour 10)

Grüner Radweg an der Dreisam entlang (Tour 11)

Emmendingen lädt zum Verweilen ein (Tour 11)

Das Zentrum von Emmendingen: der Marktplatz (Tour 11)

Die Tour auf einen Blick

Nr.	km	Beschreibung
		Vom **Dreisamufer bei der St.-Johannes-Kirche**
1	5	aus flußabwärts bis zur **Breisgau-Brücke,** auf der rechten Fluß-seite immer auf dem Damm bis
2	12	**Brücke hinter Neuershausen.**
3	13,6	Auf der linken Flußseite bis zum **Abzweig vom Damm,**
4	15	dann links durch die Felder nach **Eichstetten.**
5	20	An der Kirche rechts abbiegen nach **Bahlingen,** hinter der Mühle rechts *(Teninger Straße),* links am Dreisam-Damm entlang nach Riegel.
6	26	An der **Riegeler Brauerei** rechts über die Dreisam, rechts über die
7	27	*Elz-Brücke;* hier links auf den Elzdamm-Weg.
8	32	Am Köndringer Baggersee vorbei nach **Teningen.**
9	34	Weiter auf dem Damm nach **Emmendingen**
10	37,5	und nach Wasser, hier über die **blaue Stahlbrücke,** um die Fluß-seite zu wechseln, auf dem Damm und durch die Felder bis zur
11	40	*Landstraße Denzlingen – Sexau.* Links abbiegen nach Vordersexau, hier
12	42	bis zum **Parkplatz im Zentrum.** Geradeaus durch den *Moos-weg,* am Rebberg entlang bis auf Höhe
13	46	Buchholz; an der **Radwege-Kreuzung** rechts
14	47	durch **Buchholz,** am Ortsausgang hinter der Brücke rechts,
15	49	durch die Felder bis zum Bahndamm, an der **Gabelung** links nach
16	51	**Denzlingen.** Durch den Ort,
17	53	parallel zu den Bahnschienen zum **Bahnhof Gundelfingen,**
18	57	weiter bis zum **Bahnhof Zähringen.**
19	60	Von hier aus Freiburg-Rundweg bis zum **Hbf. Freiburg** (am Konzerthaus links bis zur *Kaiser-Joseph-Straße,* rechts geht es
	65	dann zurück zur **St.-Johannes-Kirche**).

Die Tour beginnt am **Dreisamufer an der St.-Johannes-Kirche**. Von hier aus geht es auf der linken Dreisamseite fluß-abwärts auf dem schönen Radweg an der Dreisam entlang, unter den verschiedenen innerstädtischen Straßen- und Eisenbahnbrücken hindurch, auf und hinter dem Damm bis zur **Breisgau-Brücke** ❶ *5 km* Hier Wechsel der Flußseite. Links abbiegen auf den Radweg an der *Ziegelhofstraße.* Diesem am Spielplatz vorbei folgen, auf schmalem Weg auf dem Damm bis zur *Autobahnbrücke.* Diese unterqueren, *6,5 km* links herum wieder auf den Damm, auf schmalem Weg bis zur *L 116.* *8,5 km* Diese überqueren, geradeaus wieder auf den Weg auf dem Damm, an der Stahlbrücke vorbei, auf dem Dreisam-Radweg Richtung Eich-stetten immer auf dem Damm entlang.

Unter der *L 187* hindurch, an Buchheim vorbei bis zur **Brücke der** *10 km* **K 4977 in Höhe Neuershausen** ❷. Von hier lohnt ein Abstecher *12 km* nach rechts in den Ort, z. B. im Ort links herum zur Kirche.

Neuershausen war noch um 1900 das größte March-Dorf; sehenswert die Barockkirche aus dem 18. Jh. (s. S. 112).

Info: Bürgermeisteramt March, Am Felsenkeller 2, 79232 March, Tel. 0 76 65 / 42 20, Fax 4 22 25

Vom Radweg an der Dreisam führt der Weg hoch zur *K 4977*, links herum über die Brücke, hinter der Brücke auf der anderen Seite der Straße wieder am Dreisamufer entlang, über das schmale Wehr über den Herrenmühlebach (schieben!), über die Landstraße weiter an der Dreisam entlang.

14 km An der **Abzweigung auf dem Damm** ❸ dem Schild nach links auf den Weg durch die Felder folgen, an der Landstraße entlang Richtung Eichstetten.

15 km Dann dem Abzweig nach links folgend in die Ortsmitte **Eichstetten** ❹.

1052 wurde **Eichstetten** erstmals urkundlich erwähnt, Funde aus der Jungsteinzeit, von Kelten und von Römern verweisen auf eine längere Tradition.

Sehenswert ist die Pfarrkirche im Stile des Historismus, errichtet 1864–66. Von 1555 stammt die Zehntscheuer, die im 30jährigen Krieg zerstört, im 18. Jh. wieder aufgebaut wurde und heute als Bürger- und Rathaus fungiert. Auch in Eichstetten fallen die mächtigen Torbögen ins Auge, die im Herbst den Traubenfuhren Einlaß gewähren.

Auf der Strecke nach Eichstetten, von Neuershausen kommend, sieht man die historische „Fünfbogenbrücke": Ursprünglich aus dem 16. Jh., in ihrer heutigen Form aus dem 18. Jh., überspannt sie mit fünf Bögen die Dreisam.

Info: Bürgermeisteramt, Postfach 8, 79354 Eichstetten, Tel. 0 76 63 / 93 23 11, Fax 93 23 32

In Eichstetten an der Kirche, vor der Bushaltestelle, rechts abbiegen Richtung Bahlingen, ab Ortsausgang Radweg rechts
20 km neben der Landstraße nach **Bahlingen** ❺.

Über **Bahlingen** erhebt sich die Kirche, an Bauart und Standort als uralte Wehrkirche zu erkennen, in die sich die Bevölkerung bei Gefahr retten konnte (s. S. 115).

Info: Bürgermeisteramt, 79353 Bahlingen, Tel. 0 76 63 / 93 31 - 0, Fax - 30

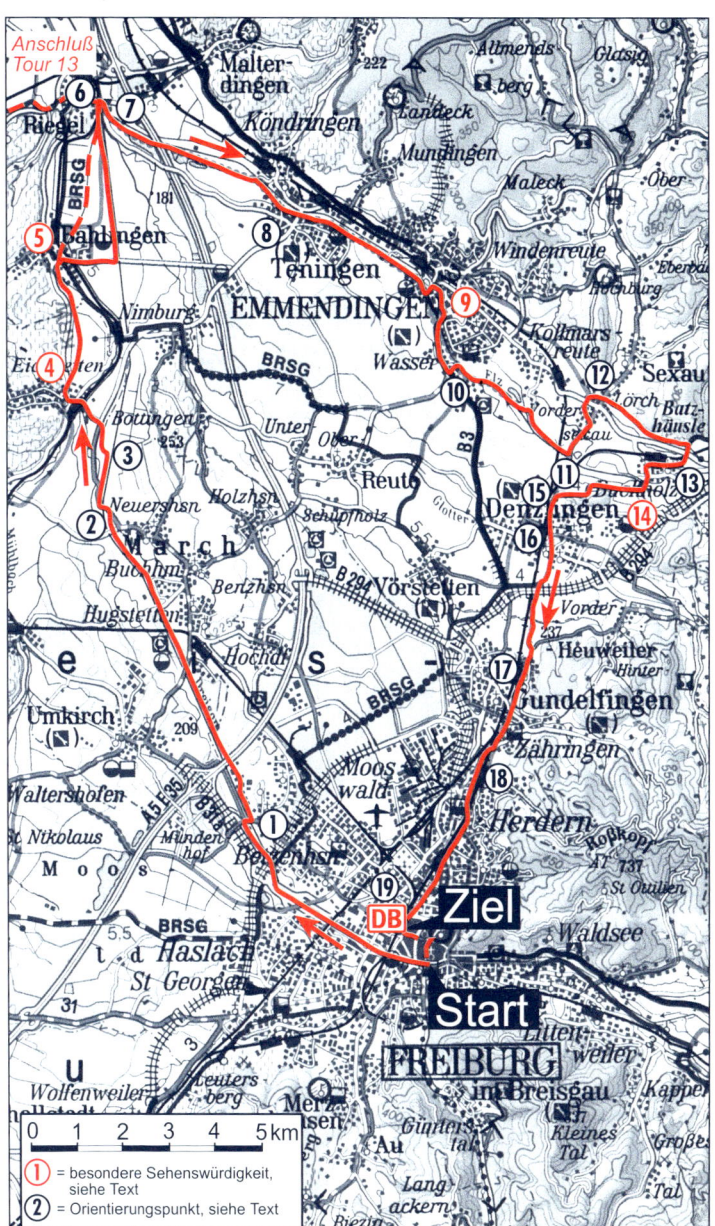

Anschluß
Tour 13

① = besondere Sehenswürdigkeit,
siehe Text

② = Orientierungspunkt, siehe Text

In Bahlingen *(Eichstetter Straße)* hinter der Mühle rechts *(Teninger Straße)*, geradeaus über die Schienen, nach ca. 150 m links ins Industriegebiet *(Unter Gerath)*. Am aktiv-markt sofort rechts parallel zur *Teninger Straße,* nach ca. 200 m (Wegekreuz) links auf langem, asphaltiertem Weg am Dreisamdamm entlang, an Spielplatz, Rastplatz und zwei kleinen Seen vorbei nach Riegel. Hinter der weithin sichtbaren **Riegeler Brauerei** ❻ rechts herum über die Dreisam, wieder rechts über die *Elz-Brücke* ❼, dort links auf den Elzdamm-Radwanderweg (Schilder „Europaweg Villé – Elzach"/„Elzdamm-Radwanderweg").

26 km
27 km

(Ein Abstecher in das sehenswerte Riegel lohnt; Info bei Tour 9/ March.)

Hier fährt man nun auf wunderschönem, fast schnurgeradem Splittweg auf dem Elzdamm an der begradigten Elz entlang Richtung Schwarzwald; bei dieser Fahrt flußaufwärts bietet sich ein freier Blick zum landschaftsbeherrschenden Bergmassiv des Kandel, dem höchsten Gipfel im Landkreis Emmendingen, und seinen Ausläufern. Wiesen und Bänke, Baggerseen und Schwimmbäder direkt am Weg laden zum Verweilen und zur Erfrischung ein.

Zunächst verläuft der Weg geruhsam und bequem geradeaus, unterquert die Autobahn A 5 und verläuft immer weiter parallel zur Elz. Rechts passiert man den beliebten Köndringer Baggersee und gelangt in zügiger Fahrt nach **Teningen** ❽.

32 km

Dem Elzdammweg folgend wird es nun belebter, die Route führt weiter geradeaus nach und am Rande durch die Kreisstadt **Emmendingen** ❾.

34 km

Den Mittelpunkt der geschäftigen alten Markgrafenstadt **Emmendingen** bilden der Marktplatz mit Springbrunnen und einigen schönen Bürgerhäusern sowie das Alte Rathaus im Barockstil, 1729 auf den Grundmauern einer mittelalterlichen Gemeinde- und Gerichtsstube errichtet, mit der Büste des Markgrafen von Baden (weiter beachtenswert: der Balkon mit Rokokogitter und der Wappenstein über dem Portal). Das Untere Tor aus dem 17./18. Jh., als einziges erhalten, ist das Wahrzeichen der Stadt.

Hinter der evangelischen Stadtkirche aus dem 15. Jh. steht das Markgrafenschloß (mit Heimatmuseum), ein repräsentativer Renaissancebau mit achteckigem Treppenturm an der Nordseite. An die neugotische katholische Stadtkirche mit sehenswertem Flügelaltar (1473) schließt der Stadtgarten an, leicht den Hang ansteigend und in den terrassenförmig angelegten Bergfriedhof übergehend.

Auf dem Alten Friedhof finden sich die Gräber von Goethes Schwester Cornelia (gest. 1777) und vom markgräflichen Landbaumeister Meerwein, der bereits 1784 in Emmendingen (Burgstraße) erfolgreich Flugversuche durchführte und deshalb als „erster Flieger der Welt" gilt.

Das städtische Heimatmuseum ist von Mitte Mai bis Mitte Oktober jeweils am Mittwoch von 15–17 Uhr und am Sonntag von 14–17 Uhr geöffnet; Tel. 0 76 41 / 45 23 25.

Info: Tourist-Information, (im Rathaus), Westend 17, 79312 Emmendingen, Tel. 0 76 41 / 4 52 - 3 26

Parallel zum Gewerbegebiet auf der gegenüberliegenden Flußseite führt der Radweg nach weiteren 3 km nach Wasser. An der **Radwegekreuzung an der blauen Stahlbrücke ➓** geht es nun nach links (rechts abkürzender Rückweg über Vörstetten nach Freiburg möglich) über die Elz und vor den Sportplätzen sofort wieder rechts auf den gegenüberliegenden Elzdamm Richtung Kollmarsreute.

37 km

Nach ca. 1,2 km passiert man wieder einen beliebten Baggersee. Ca. 600 m weiter verläßt man den Damm nach links und biegt sofort wieder rechts auf den Asphaltweg durch die Felder ab. Kurz hinter der Bahnunterführung endet der Weg an der ***Landstraße Denzlingen – Sexau ⓫***. Nach links geht es nun Richtung Sexau (rechts herum und auf der anderen Elzseite sofort wieder links Abkürzung nach Buchholz möglich); in Vordersexau *(Denzlinger Straße)* in die erste Straße links abbiegen *(Im Grün,* später *Vordersexauer Straße),* diese führt im Bogen um den Ort herum. Die Landstraße geradeaus überqueren in den Burgweg, erste Straße *(Andlaustraße)* rechts (der Beschilderung „Emmendingen-Waldkirch-Radweg" folgend), sofort links abbiegen *(Breite Straße),* nach 150 m wieder links *(Brettenbachweg)* bis zum **Parkplatz an der Dorfstraße ⓬**.

40 km

42 km

Der langgezogene Ort **Sexau** liegt am Eingang des Brettenbachtals und besteht aus den Teilen Vordersexau, Lörch, Dorf und Obersexau. Auf dem Hornwald oberhalb von Sexau thront weithin sichtbar die Burgruine „Hochburg", eine der größten Burganlagen Badens. Ein Abstecher lohnt! Die hervorragende Lage diente unter anderem der Überwachung der naheliegenden Bergwerke (Silberschmelze, Karolinengrube).

Info: Verkehrsamt, Dorfstraße 61, 79350 Sexau, Tel. 0 76 41 / 10 13

Die *Dorfstraße* kreuzen, rechts in den *Moosweg,* bei der Wegverzweigung links und nach 150 m wieder rechts ab auf den geteerten Wirtschaftsweg entlang des Rebberges.

46 km An der **Radwege-Kreuzung am Fuße des Buchholzer Rebberges** ⓭ rechts herum in den Ort Buchholz hinein (Beschilderung von hier an

47 km „Elztal-Radwanderweg"). Durch die *Fohrenbühlstraße,* dann rechts herum durch die *Alte Dorfstraße,* an deren Ende links in die *Schwarzwaldstraße,* geradeaus aus Buchholz hinaus.

Buchholz ⓮ ist ein Stadtteil von Waldkirch. In der Häuserzeile der Alten Dorfstraße an der Fahrradstrecke steht etwas zurückgesetzt das Schloß, 1760 erbaut nach Art Schweizer Landhäuser (s. S. 69 f.).

49 km Hinter der Elz-Brücke rechts auf den Weg durch die Felder, wieder rechts und später an der **Wegegabelung** ⓯ links ab-

51 km biegen Richtung Denzlingen, am Bahndamm links abbiegen und weiter parallel zu den Schienen ins moderne Zentrum von **Denzlingen** ⓰ fahren.

In Denzlingen am Ende der Bahnhofstraße rechts in den *Kreisverkehr* einbiegen. Bei der letzten Ausfahrt *(Schwarzwaldstraße)* Richtung Zentrum den Kreisverkehr verlassen und dann halbrechts in die *Rosenstraße* einbiegen. Geradeaus Richtung Friedhof, durch die *Mühlengasse* an Friedhof und Turnhalle vorbei, geradeaus an den Obstgärten entlang. Vor der L 294 rechts herum, *an der Brückenauffahrt vorbei* (nicht hoch auf die Brücke) und dann links, wieder parallel zu den Bahnschienen (Richtung Freiburg-Stadtmitte) bis nach **Gundelfingen** (ab hier Radweg ausgeschildert Richtung Freiburg-Stadtmitte).

Am Wegende links und sofort wieder rechts *(Glotterpfad)* bis **Bahn-**

54 km **hof Gundelfingen** ⓱, hier rechts zum Bahnsteig fahren, dann links herum auf schmalem Weg an den Schienen entlang *(Wolfsgrubenweg,* später *Zähringer Weg),* an Sportgelände und Schwimm-

57 km bad Wildtal vorbei bis **Bahnhof Freiburg-Zähringen** ⓲.

Ab hier folgt man dem Freiburg-Radrundweg: rechts durch die Bahnunterführung, links herum *(Wildtalstraße),* in der Kurve geradeaus *(Burgdorfer Weg),* parallel zur Bahnstrecke bis zur nächsten Unterführung *(Hinterkirchstraße),* diese nach links durchfahren, rechts herum den Radweg an der *Händelstraße* nutzen bis an dessen Ende. Die *Habsburgerstraße* überqueren (Vorsicht, unübersichtlicher Verkehr, evtl. den Überweg links an der Bahnhaltestelle nutzen!) in die

60 km *Stefan-Meier-Straße,* dieser folgen bis zum **Freiburger Hauptbahnhof** ⓳. (Am Konzerthaus links, über *Wilhelm-, Belfort-* und *Rempart-*

61 km bis zur *Kaiser-Joseph-Straße,* dann rechts geht es bei Bedarf zurück zur **St.-Johannes-Kirche.**)

Rundfahrt im schönen Dreisamtal
Von Freiburg nach Kirchzarten und Oberried

Unberührte Natur, tiefe Wälder und weite Wiesen mit klaren Bächen – was sich liest wie eines der letzten Naturparadiese, ist nichts als das schöne Dreisamtal zwischen Freiburg und Kirchzarten.

Ehe die Wege aus der Breisgaumetropole nach Osten durch Himmelreich und Höllental in den Schwarzwald führen, durchqueren sie eine – leider von zunehmendem Autoverkehr bedrohte – Idylle wie aus dem Bilderbuch. Umrahmt von den Ausläufern der nahen Schwarzwaldgipfel Feldberg und Schauinsland breiten sich grüne Wiesen und Felder aus und vermitteln oft das Gefühl, eine eigene kleine Welt zu sein.

Der gut ausgebaute abwechslungsreiche Radwanderweg hat eine Gesamtlänge von knapp 40 km, wovon ca. 11 über schwach befahrene Autostraßen führen. Leicht ansteigend führt er nach Kirchzarten in das Zentrum des Dreisamtals. Talabwärts führt ein schöner Weg am Wald entlang nach Ebnet, zurück zur Dreisam und nach Freiburg.

Start und Ziel:	*Freiburg, St.-Johannes-Kirche*
Streckenlänge:	*36 km*
Charakter:	*Je etwa zur Hälfte asphaltierte Nebenstrecken und geschotterte Wege an Fluß- und Waldrand entlang.*
Wegweisung:	*Überwiegend Dreisamtal-Radwanderweg (mit alternativen Wegführungen); zu Beginn ein Teil Freiburg-Rundweg.*
Verkehrsverbindungen:	*Freiburg – Oberried: SBG 7215 Freiburg – Kirchzarten – Oberried – Todtnau; Winterhalter 271 St. Wilhelm – Kirchzarten – Littenweiler; Freiburg – Kirchzarten DB 727; SBG 7215 Freiburg – Kirchzarten – Todtnau; nach Himmelreich DB 727 Freiburg – Kirchzarten – Himmelreich; Hummel 222 nach Kirchzarten; nach Stegen Hummel 221 Kirchzarten – Stegen – Freiburg; SBG 7216 Freiburg – Kirchzarten St. Peter; Winterhalter 271 St. Wilhelm – Kirchzarten – Littenweiler; nach Ebnet VAG 18 Ebnet – Littenweiler (ab hier VAG 1).*
Verknüpfungs-möglichkeiten:	*Ab Neuhäuser/Kirchzarten mit Tour 2/Schauinsland (sinnvoll nur für Rückweg vom Schauinsland über Kirchzarten); ab Burg am Wald mit Rückweg Tour 8/St. Peter.*

Die Tour auf einen Blick

Nr.	km	Beschreibung
		Von der **St.-Johannes-Kirche** in Freiburg aus durch Wiehre
1	5	nach **Littenweiler.** Die *Alemannenstraße* durch Littenweiler fahren,
2	7	am Ortsausgang rechts herum nach **Kappel.**
		Links herum am Talbach entlang nach Neuhäuser, rechts herum an der Brugga entlang Richtung Kirchzarten
3	10	Am **Schütterlehof** links Richtung Kirchzarten, vor Kirchzarten rechts ab nach
4	12	**Dietenbach.** Durch den Ort, links herum
5	14	durch die Wiesen am **Gasthaus „Löwen".**
6	16	An der L 126 entlang nach **Oberried**, beim „Hirschen" links, nach 300 m wieder links durch die Wiese auf den Waldweg nach
7	19	**Kirchzarten.** Vor dem Ort rechts herum, über Burg/Höfen zum
8	22	**Bahnhof Himmelreich.** Links herum zur B 31, diese unterqueren und rechts herum
9	23	Richtung Buchenbach. Abzweig vor **Buchenbach** nach links,
10	24	nach 900 m rechts *(Vogtweg)* nach **Burg am Wald** abbiegen.
11	25	Durch **Oberbirken**
12	26	nach **Stegen** fahren, hier rechts über den Eschbach auf den Waldweg, über
13	33	Fohrenbühl und Harsch nach **Freiburg-Ebnet** *(Steinhalde),* hier geradeaus zum Dreisamufer, links herum zurück zur
	36	**St.-Johannes-Kirche.**

Von der **St.-Johannes-Kirche** aus radelt man durch den Stadtteil Wiehre, ein städtebauliches Kleinod mit schönen, gut erhaltenen Jugendstilvillen. Der Weg beginnt rechts herum *(Günterstalstraße)*, parallel zu den Straßenbahnschienen; dann geht es links ab *(Zasiusstraße)* bis zur Christuskirche, hier rechts abbiegen *(Turnseestraße)*, über die *Urachstraße* hinweg in die *Fürstenbergstraße*, geradeaus in die *Waldseestraße*.

Auf dieser kleinen Straße geht es zwischen Wald und Schienen entlang, an der Rückseite des Wiehre-Bahnhofs vorbei bis an das Ende dieses Weges. Am Bahnübergang biegt man rechts ab (weiter *Waldseestraße)* und fährt auf dem Radweg auf der linken Seite vorbei an Waldsee, *5 km* Möslestadion, Campingplatz und Friedhof nach **Littenweiler ❶**.

Hinter dem Friedhof links und sofort wieder rechts herum, an Post/ Schule schräg links auf der Vorfahrtstraße bleiben und der *Alemannenstraße* folgen bis an deren Ende am Gasthaus „Schwär's Löwen".

Hier rechts herum ca. 50 m *Kirchzartener Straße*, dann wieder rechts und gegen die Einbahnstraße auf dem Radweg links an der *Großtal- 7 km straße* durch ein Neubaugebiet, an dessen Ende auf den Radweg rechts nach **Kappel ❷** fahren.

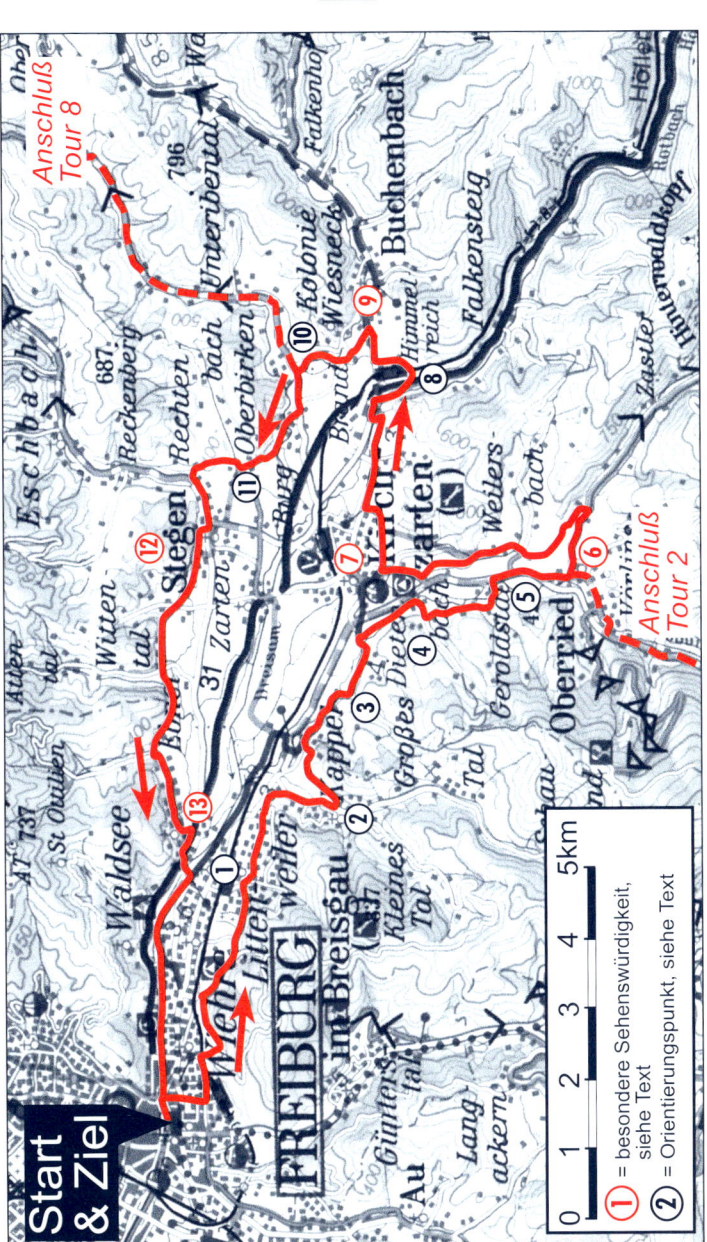

Hier links in die *Hagemattenstraße* abbiegen, nochmals links herum über den Talbach auf den Feldweg bis an dessen Ende. Dann rechts herum, der schmalen *Neuhäuser Straße* ortsauswärts an der Brugga entlang folgen.

10 km   Am **Schütterlehof** ❸ (Abzweig Pfeiferberg), eine Augenweide für Schwarzwald-Romantiker, links herum abbiegen, am Waldrand entlang, wieder links über die Brugga auf Kirchzarten zu.

11 km   Vor Kirchzarten *(Am Engenberg)* am eingezäunten Gelände rechts auf den kurzen Feldweg fahren, der im Radweg von Kirchzarten nach

12 km   Oberried mündet. Diesem rechts herum folgen bis **Dietenbach** ❹, hier rechts *(Dietenbacher Straße)* in den Ort und diesen parallel zur Landstraße auf der Hauptstraße durchfahren. Am „Rössle" vorbei, ca. 500 m hinter dem Ortsende vor dem „Fußenhof" links abbiegen, nun geht die Fahrt durch die Wiesen an alten Höfen vorbei und nach ca. 1 km wieder links herum leicht hinab Richtung Bun-

14 km   desstraße/**Gasthaus „Löwen"** ❺ (mit Terrasse und Kinderspielplatz). Die Landstraße überqueren, auf dem gegenüberliegenden Radweg rechts herum Richtung Oberried. Dem Radweg nach links

16 km   folgend erreicht man die Ortsmitte von **Oberried** ❻.

Oberried (2.600 Einwohner) liegt im Süden des Dreisamtals eingebettet in die grünen Wälder des Feldberg-Schauinsland-Gebietes. Sehenswert sind hier lediglich Klosterkirche und Wallfahrtsstätte, zur Gemeinde gehören allerdings auch der Schniederlihof, das Besucherbergwerk und das gesamte Schauinslandgelände, die aber im Rahmen dieser Tour kaum einen Abstecher lohnen, da zu aufwendig (siehe Tour 2/Schauinsland).

Info: Verkehrsbüro Oberried, Klosterplatz 4, 79254 Oberried, Tel. 0 76 61 / 93 05 - 66, Fax - 88

Im Zentrum von Oberried am Hotel „Zum Hirschen" links herum der Vorfahrtstraße folgend Richtung Zastler *(Talstraße)*, nach ca. 300 m links in den schmalen Schotterweg durch die Wiesen (beliebtes Drachenfliegerziel), über den *Holzsteg* am Osterbach auf den schönen, streckenweise auch schwierigen Waldweg am Berghang entlang, am Segelfluggelände vorbei durch den Wald Richtung Kirchzarten.

19 km   Vor Kirchzarten wird der Weg zum Waldlehrpfad, führt dann an einem Spielplatz vorbei und geht (abwärts) über in eine schöne Allee auf **Kirchzarten** ❼ zu.

Kirchzarten ist das Zentrum des Dreisamtals und lohnt einen Aufenthalt sowohl zu kleinen Besichtigungen als auch zur kulinarischen Pause (s. S. 45 f.).

Vor Kirchzarten geht es der Beschilderung „Dreisamtal-Radweg" folgend rechts (rechts oben am Berg sieht man von hier aus die erwähnte schöne Giersbergkapelle) nach **Burg-Höfen.** Zwischen den Feldern links herum und dann rechts *(Höfener Straße)* nach Höfen, an der Abbiegung geradeaus, an Thomashof und Rainmühle vorbei über den Höllenbach, dann sofort rechts auf den kleinen Feldweg. Diesem folgen bis zur Bahnunterführung, diese nach links durchfahren zum **Bahnhof Himmelreich ❽.**

22 km

Links am Bahnhof vorbei Richtung *B 31,* an der *Himmelreich-Brücke* links vorbei, unter der Brücke durch und rechts herum Richtung **Buchenbach ❾.**

23 km

Die Gemeinde **Buchenbach** (3.100 Einwohner) erstreckt sich von Himmelreich ins wildromantische Höllental und über das Wagensteigtal wie das Ibenbachtal bis auf die St. Märgener Hochfläche. Buchenbach ist geprägt von tiefschwarzen Wäldern sowie den satten grünen Wiesen im Tal und an den Berghängen. Sehenswert ist die katholische Pfarrkirche St. Blasius mit wertvoller neugotischer Ausstattung, Kreuzwegkapelle (Massivbau von 1892, neugotisch; mit 14 Bildstöcken als Wegstation bergauf), St. Nikolaus-Kapelle (in Wagensteig; eines der ältesten kirchlichen Bauwerke des Dreisamtals, Massivbau, um 1600), Vaterunserkapelle (1965 erbaut, dem ökumenischen Gedanken verpflichtet) und die bekannte Wallfahrtskapelle Maria Lindenberg (um 1803 erbaut, 1866 erweitert; barockisierender Architekturaufbau) hoch über dem Ibental, mit tollem Ausblick.

Info: Verkehrsbüro Buchenbach, Hauptstraße 20, 79256 Buchenbach, Tel. 0 76 61 / 39 65 - 40, Fax - 29

Vor Buchenbach links abbiegen *(Burger Straße)* Richtung Unteribental, nach ca. 900 m hinter dem Gasthof „Schlüssel" (Hof-Terrasse, unfreundliche Wirtsleute) rechts *(Vogtweg)* am Kinderbauernhof „Wandlhof" vorbei, auf kleiner Straße bis an deren Ende, dann links abbiegen nach **Burg am Wald ❿.**

24 km

Am Ortseingang in die erste Straße rechts *(Mühlenstraße),* leicht abwärts an Laubishof und an der Alten Mühle vorbei nach **Oberbirken ⓫** *(Burger Straße).* Hier ist die Ortsdurchfahrt kompliziert: in

25 km

die erste Straße links *(Oberbirken)*, in die nächste rechts *(Im Gäßle)*,
am Straßenende *(Schulstraße)* rechts herum und dann links *(Reichle-
26 km   gasse)* nach **Stegen** ⑫ fahren.

Stegen (4.200 Einwohner) liegt auf der Sonnenseite des Dreisamtals und ist wohl nicht nur darum ein immer beliebterer Wohnort
für „Freiburger". Wiesen, Wälder und Berge laden zu Spazier-
gängen und Wanderungen ein. Sehenswert sind das Schloß Weiler
mit gotischer Kapelle, alte Bauernhöfe, die Schlangenkapelle im
Wittental und die Pfarrkirche in Eschbach, eine der schönsten Barock-
kirchen im Raum Freiburg.

Info: Verkehrsbüro Stegen, Dorfplatz 1, 70252 Stegen,
Tel. 0 76 61 / 39 69 - 38, Fax - 69.

An der *Landstraße* links in den Ort hinein fahren, hinter dem
Abzweig nach Zarten rechts abbiegen *(Großmatte)*, über den
Eschbach auf den Wald zu, links herum auf den sehr schönen Waldweg *(Waldweberweg)* Richtung Freiburg. Der Weg führt am Waldrand entlang an der ehemaligen Falkenburg, an Wittental *(Fohrenbühl)*
33 km   und Harsch vorbei immer geradeaus nach **Ebnet** ⑬ *(Steinhalde)*.

Das sehenswerte **Schloß Ebnet** ist sicherlich eine der schönsten
Barockanlagen des Breisgaus (s. S. 46).

Schwungvoll abwärts führt die *Steinhalde* in Ebnet zur
Schwarzwaldstraße. Diese etwas weiter rechts überqueren,
geradeaus geht es über den schmalen Weg an der Mehrzweckhalle
vorbei bis zur Dreisam und über die Brücke ans andere Ufer, wo
rechts herum der beim Hinweg beschriebene Weg immer am Ufer
36 km   entlang zurück zur **St.-Johannes-Kirche** in Freiburg beginnt.

Rund um den Kaiserstuhl
Wein, Wiesen und viel Geschichte

Wo vor Millionen Jahren der Rheintalgraben eingebrochen war, wölbte der älteste und größte unter den süddeutschen Tertiärvulkanen, flankiert vom kleineren Tuniberg, einen Riegel zwischen Schwarzwald und Rhein auf. Geschützt von den Vogesen zählt der Kaiserstuhl heute zu den wärmsten Gegenden Deutschlands, mit der höchsten gemessenen Sonnenscheindauer und Temperaturen von über 25 Grad an mindestens 50 Tagen im Jahr. Der Frühling hält hier früher Einzug als anderswo, während der Herbst später als in anderen Regionen beginnt.

Die außergewöhnlichen klimatischen Bedingungen haben den Kaiserstuhl zu einer Insel mit südlichen Pflanzen- (Voll- und Halbtrockenrasen, verschiedene seltene Blumen, Kräuter) und Tierarten (seltene Eidechsen, Schmetterlinge, Käfer und Schnecken) gemacht, die sonst in Deutschland kaum zu finden sind. Zu den besonderen Kostbarkeiten gehören vor allem die zahlreichen Orchideenarten, die im Mai/Juni blühen.

Der schöne Rundweg um den Kaiserstuhl ist eine der attraktivsten Touren, die das Freiburger Umland dem Radler bietet. Von Freiburg oder – nach kurzer Bahn-Anfahrt – von Breisach aus führen die Wege an Weinbergen vorbei, durch Obst- und Maisfelder und an Flüssen entlang hin zu vielen kleinen Städtchen mit großer Vergangenheit und kulturhistorischen Highlights.

Weitgehend folgt der Radler dem gut beschilderten Kaiserstuhl-Radwanderweg, auf den er in Merdingen (oder beim Start in Breisach dort) stößt. Bis auf zwei kleine Steigungen in Opfingen und vor Merdingen bleibt die Strecke flach, bietet vielerlei Sehens- und Radelnswertes und manch Attraktives auch für den Gaumen.

Start und Ziel:	*Freiburg-St. Georgen, Kirche St. Georg*
Streckenlänge:	*ca. 88 km*
Charakter:	*Überwiegend asphaltierte Radwege auf Nebenstrecken und Landwirtschaftswegen durch Felder, an Flüssen und Bächen entlang, ohne oder mit wenig Autoverkehr; einige geschotterte, gut befahrbare Waldwege.*
Wegweisung:	*Ab Merdingen nahezu durchgehend „Kaiserstuhl-Radwanderweg" (KSRW), zwischen Breisach und Riegel „Radwanderweg Baden-Württemberg"; zwischenzeitlich „Europaweg Villé – Elzach", zum Schluß „Radweg Freiburg".*

Verkehrsverbindungen:	Nach Breisach von Freiburg mit der Bundes-bahn (DB 729)/Breisgau S-Bahn; SBG-Bus Linie 7211 von Freiburg ZOB über Gottenheim, Ihringen nach Breisach; von Breisach SWEG 102 über Vogtsburg, Sasbach, Endingen nach Riegel; von Riegel SWEG 101 über Bahlingen, Eichstetten, Bötzingen nach Gottenheim; Buslinie 295 von Vogtsburg/Burkheim über Bötzingen, March nach Moosweiher/Land-wasser; dazu weitere regionale Buslinien.
Verknüpfungs-möglichkeiten:	Ab Merdingen und Gottenheim mit Tour 10/ Tuniberg-Reben-Tour; ab Breisach mit Tour 6/ Elsaß; ab Riegel mit Tour 11/Dreisam-Elz und Tour 9/March.

Die Tour auf einen Blick

Nr.	km	Beschreibung
		Von der **Kirche in St. Georgen** aus Radweg Richtung Tiengen, rechts durch den Wald
1	4	an den **Schlatthöfen** vorbei, an der Landstraße entlang nach
2	9	**Opfingen.** Am Rathaus vorbei geradeaus bergan
3	11	über den Dürleberg nach **Wippertskirch,** dort links auf der Landstraße
4	13	nach **Merdingen.** Von hier durch Sonnenblumen und Obstfelder
5	17	nach **Ihringen,** durch den Ort, auf schönen Radwegen
6	23	nach **Breisach.** Am Münster vorbei, durch die Stadt zum Radweg
7	34	nach **Burkheim.** Von hier durch Auwald und am Rhein entlang
8	43	nach **Sasbach** und
9	47	**Königschaffhausen.** Auf schönen Radwegen durch die Felder
10	52	nach **Endingen.** Durch den Ort, auf dem
11	56	Radweg links der Landstraße nach **Riegel,** von hier rechts der Dreisam entlang
12	61	durch **Bahlingen** nach
13	65	**Eichstetten.** Hier am Rathaus links, vor der Brücke rechts am Mühlbach entlang
14	72	an Bötzingen vorbei nach **Gottenheim.** An der Hauptstraße links, rechts
15	75	durch die Waltershofer Straße nach **Waltershofen.** Auf dem Frei-burg-Radweg
16	77	nach **St. Nikolaus.** Links durch den Wald *(Erlensträssle)* zurück zur Landstraße, hier an den
17	85	Schlatthöfen vorbei zum **Eugen-Keidel-Bad.**
	88	Von hier zurück zur **Kirche St. Georg.**

Tourbeginn ist in Breisach (mit der DB ab Freiburg) oder in Feiburg, je nach Kondition und Laune.

Fährt man die Tour von Freiburg aus, empfiehlt sich der Start an der **Kirche in Freiburg-St. Georgen** (dorthin den Radweg an der *Basler-/ Basler Landstraße* entlang nutzen, am Gewerbegebiet Haid/real-Markt *Besançonallee* links nach St. Georgen, rechts zur Kirche St. Georg).

Von der Kirche aus der *Basler Landstaße* und dann rechts der *Tiengener Straße* folgen, rechts auf den Radweg Richtung Tiengen/Breisach. Am Friedhof vorbei, über die Landstraße B 3/31 hinweg (nach der Überführung in der Abfahrt rechts, durch die Unterführung, dann direkt links), Radweg parallel zur B 31.

Rechts in den Arlesheimer Wald (dem Schild „Weingut/Strauße Schlatthof" folgend) an den **Schlatthöfen ❶** vorbei, am Waldrand links, nach 100 m rechts Waldweg bis zur *Landstraße*. Links Radweg über die Autobahn hinweg nach **Opfingen ❷**.

4 km

9 km

Der Ortskern in **Opfingen** ist geprägt von historischen Gebäuden (s. S. 49 f.).

 In Opfingen am Ende der *Freiburger Straße* am Rathaus links, dann am Gasthaus „Zur Tanne" sofort wieder rechts Richtung Merdingen, nach 100 m rechts in den *Georg-Marcus-Weg*. Über den Dürleberg geht es durch Reben und Obstfelder (rechts schöner Schwarzwaldblick) bergab nach **Wippertskirch ❸**. Hier links abbiegen, auf der Landstraße über eine Tuniberg-Höhe nach **Merdingen ❹** (steile Abfahrt in den Ort).

11 km

13 km

In **Merdingen,** der Wahlheimat des Tour-de-France-Helden Jan Ullrich, sind besonders sehenswert die spätbarocke Pfarrkirche sowie der Dorfplatz mit Stockbrunnen und alten Gasthöfen („Pfau", „Sonne", „Pflug") (s. S. 50).

 Ab hier der Beschilderung „Kaiserstuhl-Radwanderweg" (KSRW) folgend geradeaus durch die *Langgasse* zum Orts-ende, im Kreisverkehr auf den Radweg links wechseln, durch Sonnen-blumen- und Obstfelder nach **Ihringen ❺**.

17 km

Ihringen gilt als der wärmste Ort Deutschlands und ist eine der größten deutschen Weinbaugemeinden (s. S. 52).

Rechts herum führt die *Hauptstraße* nach Ihringen hinein, nach 600 m geht es links *(Poststraße)* durch Obst- und Maisfelder auf dem Radweg Richtung Breisach. Hier hinter dem „Badischen Winzerkeller" vor der Überführung links *(Im Gelbstein,* später *Bahnhofstraße),* am Bahnhof **Breisach** entlang ins Ortszentrum.

23 km

40 Meter hoch ragt ein Basaltfelsen aus der Rheinebene auf, Keimzelle der sehenswerten **Stadt Breisach** ❻ (s. S. 52 ff.).

Im Kreisverkehr rechts, geradeaus am Marktplatz vorbei *(Rheinstraße),* rechts um den Münster-Felsen herum *(Josef-Bueb-Straße).* Nach 200 m hinter dem Minigolfplatz rechts in die *Schwanenstraße* (später *Rheintorstraße);* am *Kupfertorplatz* links abbiegen in die *Burkheimer Landstraße,* am Straßenende geradeaus über die *Hafenstraße* hinweg auf den KSRW, am Batzenhäusle vorbei durch Mais- und Obstfelder mit Kaiserstuhlblick nach **Burkheim** ❼.

34 km

Schon zur Bronze- und zur Urnenfelderzeit war die Gemarkung **Burkheim** besiedelt, im Jahr 762 tauchte der Name in schriftlichen Unterlagen erstmals auf; Kaiser Karl IV. erteilte 1348 das Stadtrecht. Den Reiz des Städtchens, das heute zu Vogtsburg gehört, macht die harmonische historische Mittelstadt aus, eingefaßt vom barocken Stadttor im Norden und der Ruine des Schlosses des Lazarus von Schwendi (1561 erbaut, 1672 zerstört) im Süden. Auf Kopfsteinpflaster läuft oder fährt man zwischen kleinen Bürgerhäusern aus dem 16. und 19. Jh. hindurch. Ein besonders schönes Fachwerkhaus ist das Haus „Zu den fünf Türmen", Mittelpunkt ist das Rathaus aus dem Jahr 1604 (Stadtführung wird angeboten).

Führungen durch den „Kräuterhof" (größte Auswahl an Kräuterprodukten in Deutschland) mittwochs ab 15 Uhr: Plonweg 2, Tel. 0 76 62 / 15 83.

Donnerstags um 15 Uhr; Kellereibesichtigung mit Weinprobe bei der WG Burkheim, Tel. 0 76 62 / 9 39 30.

Info: Verkehrsverein, Birkenweg 11, 79235 Vogtsburg-Burkheim, Tel. 0 76 62 / 68 43 oder 9 43 43, Fax 9 43 44 oder 93 93 - 0.

In Burkheim am Kräuterhof vorbei, links *(Laz.-v.-Schwendi-Straße),* nach 50 m rechts *(Tullastraße),* nach 400 m links den *Brünnlebuck* hinauf zum historischen Stadtkern.

Blick vom Rhein auf Breisach (Tour 13)

Weinbau auf Terrassen im Kaiserstuhl (Tour 13)

Eingebettet in Reben: Dorf im Kaiserstuhl (Tour 13)

Rast am Rhein bei Sasbach (Tour 13)

Durch das Stadttor die *Winzerstraße* hinab, an der Burgmauer entlang rechts *(Am Schloßrain)* Richtung Wald. Auf dem Waldweg am Blauwasser entlang, am Wanderparkplatz (Abstecher zur Burg Sponeck/altröm. Kastellruine möglich) links, durch Auwald zum **Rheinufer.** Von hier (Stromkilometer 236,4) an rechts bis zum Ende des Radweges bei Sasbach (nach ca. 2,5 km rechts Picknick- und Spielplatz). Am Ende des Rheinuferweges bei km 240, rechts über den kleinen Damm zum Gasthaus „Zur Limburg" mit schöner Gartenwirtschaft fahren.

38 km

42 km

Rechts auf dem Radweg geht es weiter bis **Sasbach** ❽, hier 1. Straße links *(Limburgstraße),* ab hier der Beschilderung „Elztal-Radweg – Villé-Elzach" folgen. Immer geradeaus, in der *Kaiserstuhlstraße* nach 50 m links *(Vulkanstraße/*Beschilderung „KSRW"), dann nach 200 m links und nach weiteren 50 m wieder rechts auf den Radweg durch Gemüsefelder nach **Königschaffhausen** ❾. Hier den *Rheinweg* bis zur *Hauptstraße* entlang, dann links, nach 200 m links über die Schienen *Landstraße Richtung Wyhl* fahren. In der Linkskurve rechts abbiegen Richtung Sportplätze, nach 100 m wieder rechts, an den Sportplätzen vorbei und nach 200 m links den Radweg durch Maisfelder fahren, durch „Entenloch" und „Judenloch" nach **Endingen** ❿ (ab dem *Burkhardenkreuz* den Radweg links der Landstraße nutzen). Am Ortseingang Endingen durch *Hennengärtle* Richtung Bahnhof, rechts über die Schienen *(Forchheimer Straße),* dann links *(Königschaffhauser Straße)* Richtung Riegel durch das historische Stadttor zum sehenswerten Endinger Marktplatz.

43 km

47 km

52 km

Endingen erhielt bereits 1295 das Stadtrecht. 1379 gelangte das Städtchen zu Vorderösterreich (bis 1805). Die drittgrößte Winzergemeinde in Baden-Württemberg ist geprägt von großen und kleinen Bürgerhäusern aus dem 18. und 19. Jh.

Der Turm der Oberendinger St.-Martin-Kirche weist in die Gotik zurück, der Rest ist datiert auf 1846. St. Peter in Unterendingen entstand im 13. Jh. (Glocken und frühgotischer Turm); 1772–75 mußte die alte Kirche einem Neubau des Freiburger Baumeisters Häring weichen.

Der Rathausplatz ist ein kunstgeschichtliches Kleinod. Ein altes Rathaus aus der Frührenaissance (1527) und ein neueres Rokoko-Rathaus (Mitte des 18. Jh.) sind dort ebenso zu finden wie der Ratsbrunnen aus dem 15. Jh. (Kopie!) und ein Kornhaus von 1617. Sehenswert sind weiterhin der spätgotische Üsenberghof, der das

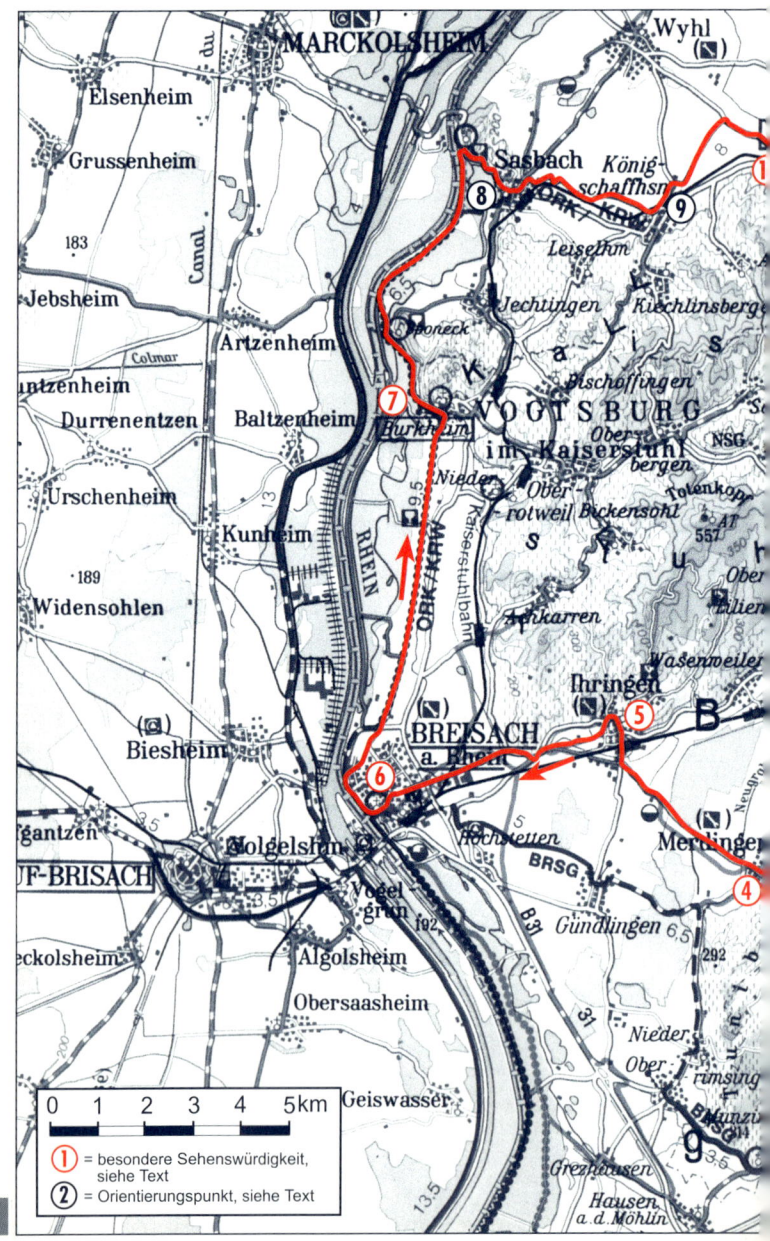

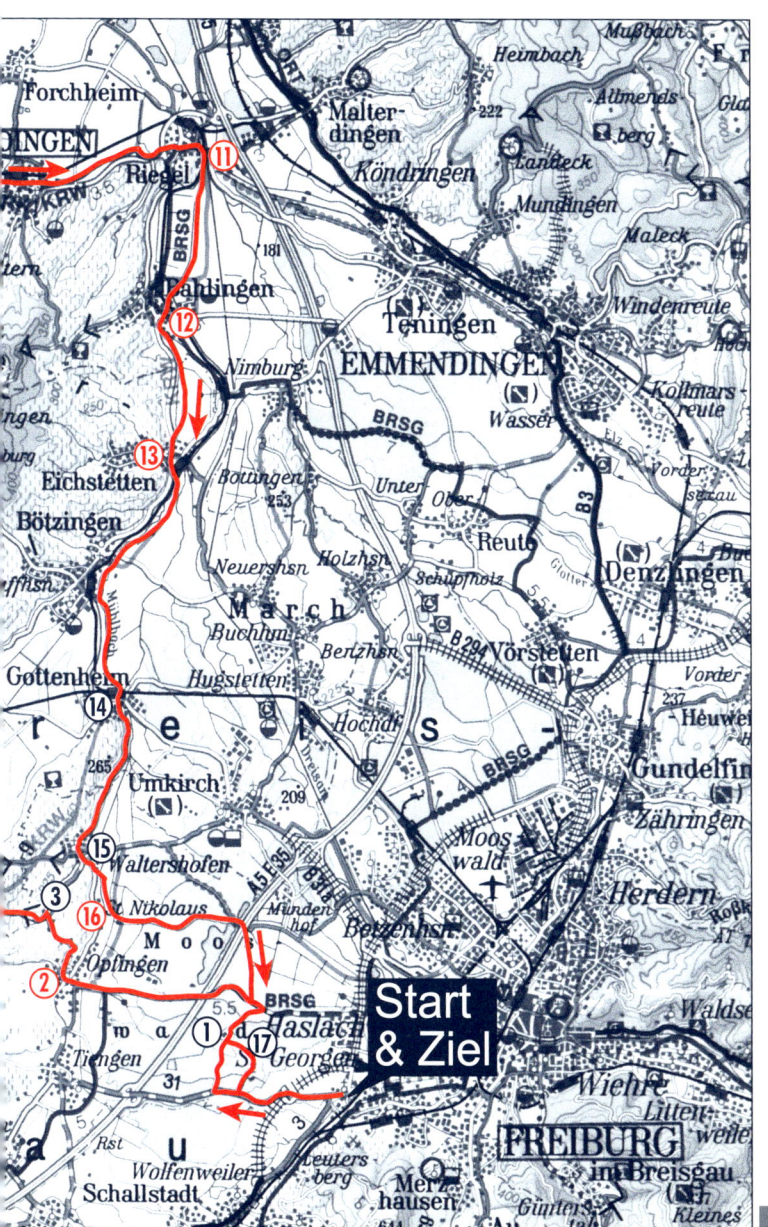

Vorderösterreich-Museum beherbergt, und das einzige erhaltene von ehemals vier Stadttoren, 1319 errichtet, 1582 erneuert (Stadtführung wird angeboten, Verkehrsbüro Tel. 0 76 42 / 68 99 90).

Info: Kaiserstühler Verkehrsbüro, Adelshof 14, 79346 Endingen, Tel. 0 76 42 / 68 99 90, Fax - 9

Geradeaus durch Endingen *(Riegeler Straße)*, am Ortsende hinter der WG links *(Kenzinger Straße)*, nach 50 m rechts *(Lichteneckstraße)* auf den Radweg durch die Felder nach Riegel fahren. Ab Riegel-Breite führt der Weg abseits der vielbefahrenen Hauptstraße durch ein Neubaugebiet auf verschlungenen Wegen ins Zentrum: 1. links *(Kaiserstuhlstraße)*, nach 300 m rechts *(Üsenbergstraße;* Spielplätze und altröm. Mithrastempel-Ruine), am Ende rechts, nach 50 m links *(Kehnerstraße)*, durch das Kindergartengelände und **56 km** über Kopfsteinpflaster zum historischen Rathaus in **Riegel** ⓫.

In **Riegel**, an der engsten Stelle der Breisgauer Bucht und am Zusammenfluß von Elz, Glotter und Dreisam, ziehen St.-Martin-Kirche, Rathaus, Schloß und Michaelskapelle die Blicke auf sich (s. S. 114 f.).

Der weitere Weg führt rechts stadtauswärts um den St.-Michaelsberg herum bis zur Brücke, an der Riegler-Brauerei rechts auf **61 km** den Radweg an der Dreisam entlang Richtung **Bahlingen** ⓬.

Über **Bahlingen** erhebt sich die Kirche, an Bauart und Standort als uralte Wehrkirche zu erkennen, in die sich die Bevölkerung bei Gefahr retten konnte (s. S. 115).

Nach 4,5 km (ab Riegel) dem KSRW folgend rechts abbiegen Richtung Zentrum/Bahnhof, der *Bahnhofstraße* folgend rechts zur Hauptstraße. Hier geht es links durch den Ort, am Ortsende vor der großen Mühle rechts *(Eichstetter Straße)*, nach 150 m links auf den Radweg durch die Felder Richtung Eichstetten, dort *Bahlinger* **65 km** *Straße* bis zum Rathaus **Eichstetten** ⓭.

In **Eichstetten** sehenswert die Pfarrkirche, die Zehntscheuer von 1555 (heute Rathaus) und die mächtigen Torbögen (s. S. 128).

Der *Hauptstraße* links herum folgen bis zur Brücke, unmittelbar **70 km** vor der Brücke über die Schienen rechts, zwischen Bahnhof und Schrebergärten hindurch am Mühlbach entlang nach **Bötzingen.**

(Fährt man den KSRW zurück bis Breisach und von dort mit der Bahn zurück nach Freiburg, so folgt man ab hier der KSRW-Beschilderung und gelangt über Wasenweiler und Ihringen zurück nach Breisach.)

Am Radwegende (rote Brücke) links, nach 50 m am Spielplatz rechts *(Im Grün)*. Am Mühlbach entlang durch die Felder Richtung Gottenheim. Nach ca. 1 km an der Gabelung rechts, nach weiteren 600 m vor der kleinen Brücke links herum auf dem Radweg bleiben, an Bach und Landstraße entlang links durch das Feld nach **Gottenheim Bahnhof** ⑭ (links herum geht es über die Schienen). Der *Bahnhofstraße* bis zur *Hauptstraße* folgen. Hier verläßt man den KSRW und biegt links ab (besonders konditionsstarke Radler können allerdings auch rechts herum den Weg über den Tuniberg bis nach Waltershofen, dem nächsten Ziel dieser Rundfahrt, nehmen).

72 km

An der großen Kreuzung rechts *(Waltershofer Straße)* Richtung Tiengen bis **Waltershofen** ⑮. Der *Gottenheimer Straße* folgen, nach 400 m links *(Umkircher Straße, „Radweg Freiburg")*, über die Hauptstraße hinweg in den *Breiteweg* (Schild „Sportanlagen"), an den Fußball- und Tennisplätzen vorbei, über den Neugraben, dann Radweg rechts durch die Felder bis **St. Nikolaus** ⑯.

75 km

77 km

Der kleine Weiler **St. Nikolaus** gehört zur Gemarkung Opfingen. Er ist besonders bekannt durch die Sonderstempel der Post zur Vorweihnachtszeit. In St. Nikolaus befindet sich aber auch das älteste Wasserschloß des Breisgaus; zwei parallele Gebäude sind durch kurze Flügel miteinander verbunden, so ergibt sich ein kleiner Innenhof mit Fachwerkgalerien. Der Kern des Gebäudes stammt aus dem 14. Jh.; seit einer Versteigerung im Jahr 1754 befindet sich das Schloß im Privatbesitz.

An der Brücke links auf den Wald zu, nach 800 m schmaler Straße beginnt ein Waldweg, nach 1,8 km im Wald rechts *(Erlensträssle)* bis zur Landstraße Opfingen-Freiburg fahren. Dieser links folgend, nach 1,9 km rechts in den Waldweg *(Schlatthofstraße)*. An den Schlatthöfen vorbei, rechts durch den Schlattweg zum **Eugen-Keidel-Bad** ⑰. Von hier rechts zur *B 31,* links auf den Radweg, nach 1 km rechts durch die Unterführung, direkt links hoch auf die Überführung, dann auf dem Radweg bis **St. Georgen Kirche**.

85 km

88 km

Nicht nur für Kenner:
die Weine am Wegesrand

„Wenn die Landschaft geprägt ist von den Weinen, die sie hervorbringt, so wie das badische Land vom badischen Wein geprägt ist, dann haben wir es mit einer profanen Version des Paradieses zu tun." (Der deutsche Gastro-Journalist W. Siebeck)

Den Titel „Stadt des Weins" haben sich die Freiburger zu Recht gegeben, denn erstens verfügen sie über ca. 650 ha Rebfläche auf ihrer Gemarkung, und zweitens sind üppige Rebgärten hier bereits für das 13. Jh. beurkundet, der Weinbau als solcher im naheliegenden Ebringen gar für das Jahr 709. Freiburgs innerstädtischer „Weingarten" am Colombi-schlößle ist zwar nur eine kümmerliche Rest-Dekoration, aber an Schloß-, Schlier- und vor allem Schönberg wachsen, blühen und gedeihen nach wie vor die Reben. Seine Lage und seine Liebe zum Wein machten Freiburg zum Standort des Staatlichen Weinbau-Instituts und zur Residenz des Badischen Weinbauverbandes.

Deutschlands größte Weinstadt glänzt durch die ungewöhnliche Vielfarbigkeit der Gewächse, begegnen sich um Freiburg doch vier der acht Anbaugebiete Badens: Breisgau, Markgräflerland, Tuniberg und Kaiserstuhl.

Und westlich der Stadt, am Tuniberg (teils zu Freiburg gehörend) und besonders am Kaiserstuhl, prägen die Reben das gesamte Landschaftsbild und den Lebensrhythmus. Am Kaiserstuhl ist der Weinanbau für das Jahr 769 erstmals beurkundet, unbestritten ist seine heutige Spitzenstellung nicht nur in Baden. Blauer Spätburgunder (26%) als Rot- und Weißherbst, Ruländer (26%) und Weißburgunder machen den Kaiserstuhl zum Burgunder-Land, der wieder beliebter werdende Müller-Thurgau bringt es hier auf etwa 25% der Reben.

Über 1.800 Sonnenstunden sorgen am Kaiserstuhl für das sonnenreichste Wetter Deutschlands – badischer Wein, von der Sonne verwöhnt: Mit rund 4.500 ha ist hier der größte Weinbaubereich Badens entstanden mit alten Steil- und Riesen-Terrassen aus neuerer Zeit einer allzu umfassenden Rebflurbereinigung. Heute stehen eher qualitätssteigernde Mengenbegrenzungen und ein verbreitetes Bekenntnis zum umweltschonenden Weinbau auf der Tagesordnung. So wird der sehr gute Ruf des Weines von Kaiserstuhl, Tuniberg und Markgräflerland und der der gesamten Region als Urlaubsparadies ausgebaut, von dem einst schon Goethe schwärmte: *„Es ist ein glückliches Land, wo der Wein vor der Kulisse des Schwarzwaldes reift"*.

Wein-Rebsorten

(nach Weinwerbezentrale Bad. Winzergenossenschaften)

Gutedel: im Markgräflerland zu Hause; geprägt von zartem, weinigem Aroma, einfachem und angenehmem Charakter, begleitet von einer milden und angenehmen Säure

Müller-Thurgau: feinfruchtiges Muskat-Aroma und jugendliche Frische bei milder bis rassiger Säure

Riesling: feinfruchtiges, über die Maßen nuancenreiches Bukett, prickelnde Lebendigkeit und rassige, manchmal schon stahlige Säure

Silvaner: feinfruchtig, mit zartem Bukett und meist milder Säure

Ruländer/Grauburgunder (Pino gris): Heimat am Kaiserstuhl; kräftiger, körperreicher Wein mit würzigem Aroma

Grauer Burgunder: aus der Ruländertraube, nur früher gelesen und, durchgegoren trocken, mit viel Frucht und säurebetont vinifiziert

Weißer Burgunder: duftiges, weiches Aroma, eleganter bis kräftiger Körper und markante Säure

Traminer/Gewürztraminer: feines und würziges Bukett, reif und von milder Säure

Spätburgunder Weißherbst: roséfarben mit weichem Goldschimmer; kräftig im Geschmack und von kerniger, säurebetonter Art

Spätburgunder Rotwein: leuchtend und rubinrot bis dunkelrot; reichhaltig und fruchtig, feinherb

Badisch Rotgold: rötlich-gelbe bis hellrote Farbe; würziges Ruländer-Aroma, ausgeglichen und abgerundet

Auxerrois: weiße Burgunder-Art, ausgeprägter im Bukett, vollmundiger

Kerner: kernige, charaktervolle Kreuzung aus Trollinger und Riesling; frisch und rassig

Muskateller: bukettreichste Weine; mit viel Eleganz und Rasse, geringer Alkoholgehalt, feinfruchtige Säure

Nobling: Kreuzung aus Silvaner- und Gutedelrebe; fruchtig und körperreich, mit feinem Bukett; eine Markgräfler Spezialität

Gut beraten ist, wer Schlückchen für Schlückchen die Vielfalt des Angebotes probiert; die Empfehlung lautet: *Sürpfle muesch, nit suffe!*

Tip: Besichtigungen und Weinproben rund um den Kaiserstuhl – von März bis November hat an jedem Wochenende (Sa 9–18 Uhr, So 11–18 Uhr) mindestens eine Winzergenossenschaft geöffnet (weitere Termine nach Vereinbarung). Infos (mit allen WG-Anschriften und Terminen des laufenden Jahres): Kaiserstuhl Wein-Marketing GmbH, 79235 Vogtsburg-Achkarren, Tel. 0 76 62 / 9 30 40, Fax 82 07.

Badischer Wein ist untrennbar mit der Badischen Küche verbunden, die es seit Jahren zu immer neuen Spitzenleistungen bringt. Nirgendwo in Deutschland strahlen die Michelin-Sterne so zahlreich und so hell, nirgendwo sind auch die Gäste verwöhnter als hier. Die Bandbreite der Genüsse reicht vom herzhaften Vesper in der Strauße oder im Dorfgasthof bis hin zum Sieben-Gänge-Menü bei den Kochgöttern. Auch in den Landgasthäusern und den einfachen „Adler", „Löwen", „Hirschen", „Ochsen" und „Sonne" gibt man sich sehr große Mühe, zu niedrigen Preisen dem anspruchsvollen badischen Appetit zu genügen.

In den vielen Wirtshäusern und Straußenwirtschaften des Markgräflerlandes und des Kaiserstuhls beginnen die Gaumenfreuden mit frischem Bibbeleskäs, Butter und Holzofenbrot, Schwarzwaldvesper mit hausgemachten Würsten, Brägele, Flammkuchen, Schäufele, Leberle ... und natürlich dem Viertele heimischen Weins, das hier zu jeder Mahlzeit gehört.